커피로 알아보는
마케팅 베이직

차 례
Contents

서언

서울이 세계에서 가장 멋진 도시인 50가지 이유

우리나라의 수도 서울은 600년 이상 된 오래된 도시이자 현대적 도시이다. 인구 천만 명이 북적북적 살고 있고 미국, 유럽은 물론 일본, 중국 등 많은 나라에서 외국 관광객이 몰려 오고 있다. 특히 아시아 관광객들은 자신들이 좋아하는 세계 도시로 3년 연속 서울을 꼽았다. 이제 세계적 도시로 우뚝 선 서울은 외국인에게 어떤 매력을 가지고 있을까?

2011년 5월 미국의 CNN 방송이 운영하는 아시아 전문 온라인 뉴스사이트인 〈CNNGo.com〉은 '서울이 세계에서 가장 멋진 도시인 50가지 이유(원제: 50 reasons why Seoul is the world's greatest city'라는 제목으로 리포트를 발표했다. 서울에서만 보고 느끼고 체험할 수 있는 독특하고 이색적인 문화코드 50가지를 사진, 동영상과 함께 상세한 이유를 들어 소개했는데 그 이유를 한번 보자.

1. 갈비(Galbi): 버드나무집

2. 드라마 여왕들(Drama queens)

3. 세계에서 가장 똑똑하고 저렴한 개인 비서(World's smartest, and cheapest, personal assistants): 배달, 심부름 서비스

4. 반포대교 달빛 무지개 분수(World's most spectacular bridge-fountain)

5. 찜질방(Bright happy jjimjilbangs of fun)

6. 유명인의 스캔들(Wildest celebrity scandal): 서태지와 이지아의 이혼 과정을 네티즌들이 속속들이 밝히기

7. 전천후 골프 즐기기(Golf in any weather): 스크린 골프

8. 웰빙 마니아('Wellbeing' mania)

9. 소름 끼치는 박물관(Museum for the morbid): 서대문 교도소

10. 아시아 최대의 지하쇼핑몰(Asia's largest underground mall): 코엑스몰

11. '가무'에서 즐기는 비엔나커피(Vienna coffee at Gamu): 명동 '가무'

12. '명동 교자'(Myeongdong Gyoja)

13. 인기 있는 '꽃보다 남자' 데이트 장소(Favorite "Flower Boy"

date spot): 남산N타워와 사랑의 자물쇠

14. 방 문화(A bang for every occasion): 노래방, DVD방, PC방, 포커방

15. 첨단 제품을 저렴하게 구매할 수 있는 곳(Hightech bargains): 용산전자상가

16. 김치의 기적(The kimchi miracle): 사스, 조류인플루엔자 예방에 탁월

17. 조용한 아침의 나라에 있는 궁(Palaces of Morning Calm): 창덕궁, 경복궁, 덕수궁, 창경궁, 경희궁

18. 애완견과 함께하는 커피가 있는 여유(Canine coffee breaks): 애견 카페

19. 궁금증 해결 100%(No question left unanswered): 120 다산 콜센터

20. 물보다 저렴한 소주(Soju is cheaper than water)

21. 저렴한 인터넷 전화(Cheap Internet Phones)

22. 머리로 나무 격파(Heads that split wood): 태권도

23. 군사분계선으로의 여행(Road trip to the Axis of Evil): 비무장지대

24. 최상의 서비스(Superb service; random freebies, no tipping): 공짜(덤) 문화, 팁 없음

25. 다양한 문화예술 전시회(Most art openings per square mile): 청담동 '네이처 포엠(Nature Poem)'

26. 비빔밥(Bibimbap): 충무로에 있는 전주 전통비빔밥 전문

점 '고궁'

27. 온돌(Heated floors)

28. 훌륭한 비행기(Excellence in flight): 대한항공, 아시아나항공

29. 온라인게임 전문 케이블 채널(Cable channels devoted to online gambling): 온라인 도박

30. 지 드래곤(G Dragon): 빅뱅

31. 스마트 홈(Smart homes): 스마트폰, 로봇 진공청소기, 홍채 인식 홈 자동화 시스템

32. 걸 그룹(Girl group domination): 원더걸스, 소녀시대, 2NE1, 카라

33. 맥도날드 배달서비스(McDonald's delivers)

34. 극장 커플석(Couple couches at movie theaters)

35. 우수한 기술력(Our tech is bigger than yours): 상암 디지털 미디어시티(DMC)

36. '그루폰'은 옛이야기(Groupon is so yesterday): 소셜 커머스 (쿠팡, 티켓몬스터)

37. 스케이트 요정(An ice princess you actually like): 김연아

38. 24시간 공부방(24hour study rooms): 독서실

39. 산 낙지(Live squid)

40. 그린 티라미수(Green tiramisu): 신사동 가로수길의 카페 듀 크렘(Duex Cremes)

41. 대중문화 열성 팬들(Most committed celeb stalkers): 스토커

42. 아름다운 남자들(Beautiful men): BB크림

43. 아름다운 여자들(Beautiful women): 성형수술

44. 부킹(Booking): 나이트클럽에서 웨이터 서비스

45. 자는 것은 지는 일(Sleeping is for losers): 강남, 홍대, 동대문 불야성

46. 해장국(Hangover stew)

47. 세계에서 가장 훌륭한 공항(Best airport in the world): 인천국제공항(7년 연속 세계 최고 평가)

48. 세계에서 네트워크가 가장 잘되어 있는 도시(World's most wired city)

49. 메인 요리보다 많은 반찬(More side dishes than main dishes): 반찬 무한 리필

50. 전쟁터에서 경제호황까지(From bomb shelters to bull markets)

CNN의 이 리스트에서 흥미로운 사실을 몇 개 꼽아보자. 첫째, 50개 중의 11개가 먹는 것과 관련되어 있다. 1위인 갈비를 비롯하여 김치, 비빔밥, 해장국, 산 낙지, 명동 교자, 메인 요리보다 많이 주고 무한 리필 해주는 반찬이 있다. 또 명동 가무에서의 비엔나커피, 가로수길 카페 듀 크렘의 그린티라미수, 애완견과 함께 가는 애견 카페처럼 커피와 관련된 것도 있고 물보다 싼 소주도 있다.

둘째, 우리나라의 택배와 퀵서비스는 세계적 수준이다. 우리는 평소에 자주 접하고 있어 제대로 못 느끼고 있지만 전화 한

통화만 하면 아주 싼 가격으로 확실히 배달해주는 심부름 서비스가 있다. 그리고 주문 금액과 관련 없이 심야에도 제공하는 맥도날드의 배달 서비스는 미국에서도 찾아볼 수 없는 서비스다.

셋째, 한국은 방 문화가 매우 다양하게 발달해 있다. 노래방, PC방, DVD방, 24시간 공부방, 포커방, 찜질방, 온돌방을 비롯하여 각종 방은 외국인에게 매력적이다. 날씨와 관계없이 골프를 자유자재로 칠 수 있는 스크린골프장도 방에 가깝다. 웨이터가 부킹을 능수능란하게 해주는 나이트클럽도 좀 넓긴 하지만 많은 방으로 구성된 곳이다.

넷째, IT 강국답게 용산전자상가, 매우 저렴한 인터넷 전화, 아무 곳에서나 잘 터지는 와이파이, 스마트 홈, 온라인게임 전문 채널도 외국인에게 매력적이다. 궁금하거나 곤란할 일을 당했을 때 전화 한 통만 하면 확실하고 친절하게 답변해주고 문제를 해결해주는 120 다산콜센터 서비스도 자랑스럽다. 또 서태지와 이지아의 이혼 과정을 네티즌들이 검색하여 속속들이 밝히는 것도 외국인들이 놀라는 한국 네티즌의 파워다.

CNN이 조사한 이 리스트를 보면 외국인은 아는데 자신은 잘 모르는 것들이 눈에 띌 것이다. 예를 들면 미술전시회로 유명한 청담동의 특정 갤러리나 신사동의 디저트 카페, 비빔밥을 잘한다는 충무로 식당을 처음 들어봤을지도 모른다. 서울시가 자랑스럽게 생각하는 120 다산콜센터에 대해서도 처음 들어봤거나 들어 봤어도 한 번도 이용해 보지 않은 독자도 있을 것이다.

또 우리는 잘 아는데 외국인이 잘 모르는 부분도 있다. 예를 들면 바로 매우 저렴한 대리운전이다. 이 서비스가 있기 때문에 우리는 밤에 안심하고 술을 마실 수 있다.

서울에 대해 우리도 잘 모르고 외국인도 잘 모르는 것들이 있을지도 모른다. 물론 아주 일부 사람들은 알고 있지만 대다수 사람이 일반적으로 잘 모르는 것을 말한다. 하지만 시간이 지나면 언젠가 드러날 것이다.

조하리의 네 가지 창

이처럼 우리가 서울에 대해 서울사람과 외국인이 아는 바와 모르는 바가 각각 있는데 이를 '조하리의 창(Johari's window)' 틀로 볼 수 있다. 조하리의 창 이론은 자신과 상대방과의 관계 속에서 나의 자아가 어떤 상태에 있는지를 설명하는데 유용한 분석 틀이다. 조하리의 창 이론은 1950년대에 조셉 루프트(Joseph Luft)와 해리 잉햄(Harry Ingham)이라는 두 심리학자가 개발했고 두 사람의 이름을 따서 만들었다. 다음의 다이어그램에서 보여주듯이 조하리의 창은 4개의 창으로 이루어져 있다. 자기 자신에 대해 자신도 알고 상대방도 아는 '열린 창(open area)', 자신은 알지만 상대방은 모르는 '숨겨진 창(hidden area)', 자신은 모르지만 상대방은 아는 '보이지 않는 창(blind area)', 자신도 상대방도 모두 모르는 '미지의 창(unknown area)'이다.

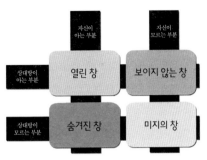

조하리의 창(Johari's windows).

　이 조하리의 창을 상품을 팔려고 하는 기업과 상품을 사려고 하는 소비자에 적용해보자. 여기에서 자신을 기업으로, 상대방을 소비자로 보자. 비밀이 아주 많은 기업이 아니라면 기업은 자사의 상품을 소비자에게 많이 알리고 싶어 한다. 즉, 열린 창의 면적을 넓히고자 하고 숨겨진 창의 면적을 줄이고자 하는 것이다. 기업은 잘 모르지만 소비자는 잘 아는 보이지 않는 창도 있을 것이다. 그래서 기업은 소비자의 의견과 아이디어를 잘 수렴하여 고객 불만을 해소하고 신제품에 대한 아이디어를 얻을 수 있다. 또 소비자도 기업에 대해 잘 모르는 미지의 창이 있기 때문에 기업은 소비자의 의식 속에 잠재된 생각을 찾아내어 회사 경영에 반영하려고 노력하고 있다.

　이처럼 기업은 자사 상품을 판매하기 위해 소비자에게 알리고 소비자의 참신한 의견을 수렴하려고 한다. 또한 기업도 소비자도 모르는 것을 기업이 발굴하여 혁신적인 신상품을 개발, 판매하려고 한다. 이것이 바로 마케팅이다.

마케팅의 개념과 진화 과정

마케팅에 대한 다양한 정의

우리는 원하든 원하지 않든 간에 자본주의 사회에 살고 있다. 자본주의 사회에서는 가격에 따라 시장이 신축적으로 변하기 때문에 시장에는 다양한 가격의 상품들이 있다. 기업들은 타사 상품보다 자사 상품을 소비자에게 더 많이 판매하려는 목적으로 소비자의 마음을 잡으려는 여러 가지 마케팅을 시행하게 된다. 그래서 우리는 매우 다양한 마케팅 방법에 대해 많이 듣고 접할 수 있다. 노이즈(noise) 마케팅, 후각 마케팅, 소셜네트워크서비스(SNS) 마케팅, 매복 마케팅, 스토리텔링 마케팅, 공짜 마케팅, 한류 마케팅, 진정성 마케팅, 친환경 마케팅 등 그 종류는 셀 수 없을 정도로 많다. 이 세상의 모든 명사에 마케팅만 붙이면 모두 마케팅이 될 수 있다는 착각이 들 정도다. 도대체 마케팅이란 무엇일까? 물론 어원적으로 보면 마케팅(marketing)은 시장을 의미하는 'market'과 진행 중을 의미하는 'ing'의 합성어로 상품을 시장에 내다 파는 것을 말한다. 마케팅에 대한 해석은 다양하다. 학자마다 다르고 시대에 따라 해석이 계속 달라진다.

세계 최고의 경영학자로 칭송받던 고(故) 피터 드러커(Peter Drucker)는 "비즈니스의 기능은 단 두 가지이다. 바로 혁신과 마케팅이다."라고 말했다. 혁신은 생산 과정, 물류 과정, 신제품 개발 과정, 고객서비스 과정 등 기업의 여러 분야에서 이루어진다. 하지만 아무리 혁신이 일어나더라도 그렇게 만든 상품을 고객을 사지 않으면 매출이 발생하지 않기 때문에 기업을 제대로 운영할 수 없다. 그래서 테오도르 레빗(Theodore Levitt)은 '고객을 창조하고 지키는 것(to get and keep a customer)'을 마케팅이라고 정의했다. 이와 비슷한 관점에서 필립 코틀러(Philip Kotler)는 "마케팅은 수익성 있는 고객을 찾는 과학이다. 또 경쟁사보다 뛰어난 방식으로 고객을 만족하게 하는 예술 행위다."라고 말해 마케팅을 과학이자 예술로 보았다.

이처럼 마케팅에서 고객은 매우 중요하다. 그래서 "마케팅이란 고객에게 중요한 것이 무엇인지를 파악해 그것을 가장 잘하는 것이다."라고 정의한 사람도 있고, "마케팅이란 고객을 설득하는 것이 아니라 유혹하는 것이다."라고 정의하면서 마케팅의 감성적인 측면을 강조하는 사람도 있다.

또 마케팅을 폭넓게 해석한 경우도 있다. 러셀 와이너(Russel Winer)는 '마케팅은 선택(choice)에 영향을 주는 모든 활동'으로 정의했고, 필립 코틀러는 경제학적으로 '마케팅은 생활 수준을 향상하는 예술이며 과학'이라고 해석하기도 했다. 그래서 필립 코틀러는 아예 '마케팅은 경제학의 일부'라고 강조한다.

사람들은 마케팅을 세일즈 및 브랜딩과 혼동한다. 이들의 관계를 비교하자면, 본질적으로 마케팅과 세일즈는 같은 개념인데 다른 것처럼 포장한다며 '고등학교 졸업생이 세일즈라고 부르는 것을 대학 졸업생은 마케팅이라 부른다.'고 비꼬기도 한다. 또 "마케팅을 잘하면 세일즈가 필요 없고 브랜딩을 잘하면 마케팅이 필요 없다."고 말하는 사람도 있는데 적절한 표현이다. 그래서 피터 드러커는 "마케팅이란 궁극적으로 브랜드를 만드는 것이다."라고 강조하기도 했다.

기업 내부에는 기획, 재무, 인력, 영업, 정보 등 여러 부서가 있는데 조직 내에서 마케팅이 매우 중요하다는 것을 알리기 위해 휴렛패커드의 공동창업자인 데이비드 패커드(David Packard)는 "마케팅은 그것을 담당하는 부서에만 맡겨버리기에는 너무도 중요하다."고 강조하면서 CEO는 물론 다른 부서장도 마케팅에 지대한 관심을 두어야 한다는 것을 역설했다. 좀 더 구체적으로 들어가 마케팅에서 경쟁 상품과 비교했을 때 자사 상품의 포지셔닝(positioning)과 차별화, 그리고 마케터의 상상력, 고객의 잠재의식 파악의 중요성을 강조한 말로는 이런 것들이 있다.

> 포지셔닝은 마케팅 전략의 핵심이다.
>
> — 피터 도일(Peter Doyle)

> 마케팅에서 평범함은 실패의 지름길이다.
>
> — 리처드 슬로마(Richard Sloma)

> 마케팅 상상력이란 사람들이 해결하고자 하는 문제점이 무엇인지 발견하는 것이다. 고객을 창조하고 지키기 위해서 상상력만큼 중요한 것은 없다.
>
> — 테오도르 레빗(Theodore Levitt)

> 마케터에게는 고객이 쉽게 이야기할 수 있는 내용을 넘어서서 고객 자신도 알지 못하는 사실을 알아낼 수 있는 방법이 필요하다.
>
> — 제럴드 잘트먼(Gerald Zaltman)

마케팅의 진화

인류 최초의 마케팅은 어떤 형태였을까? 바뀔 수도 있지만 터키에서 최초의 마케팅이 이루어졌다는 증거가 있다. 이 세상에 남자와 여자가 있는 한, 돈으로 성을 사는 매춘 행위는 불가피하다. 3천 년 전에도 이러한 매춘 행위는 공공연하게 이루어졌고 터키의 한 도시도 예외는 아니었다. 이 매춘업소는 행인들이 쉽게 볼 수 있도록 도로에 사람의 발을 그려놓았다. 그곳에

발을 올려놓고 자신의 발이 더 큰 사람만 업소에 들어오도록 했다. 물론 자신의 발이 더 작은 사람들은 아직 성인이 되지 못했다고 판단으로 입장 할 수 없었다. 이 업소는 마케팅을 하되 상당히 윤리적인 기준을 가졌던 것 같다.

마케터는 소비자로부터 원츠(wants)는 만들어 낼 수 있어도 니즈(needs)는 만들어 낼 수 없다. 이는 어떤 의미일까? 마케팅을 이해하는 데 중요한 개념으로 니즈(needs)와 원츠(wants), 그리고 수요(demand)가 있다. 니즈란 인간의 생리적이고 본능적인 욕구를 말하고, 원츠는 니즈를 충족하기 위한 구체적인 욕구를 말한다. 앞서 터키의 사례를 보면 생식 욕구는 니즈이고, 여러 매춘업소 중에서 특정 매춘업소에 가고 싶은 것은 원츠이다. 갈증을 느껴 물을 마시고 싶다면 이것은 니즈이지만 빗물, 수돗물이냐 특정 브랜드의 생수를 마시고 싶으냐에 따라 원츠는 달라진다. 또한 어떤 일이 있어 한 장소에서 다른 장소로 가고 싶은 것은 니즈이지만 자동차, 기차, 비행기 같은 다양한 운송수단 중에서 어떤 운송수단을 택하고 비행기 중에서도 어떤 항공사 비행기를 타고 싶은지는 원츠에 해당한다.

수요(demands)는 니즈, 원츠에 이어 3차적 욕구로 소비자의 경제적 능력에 의해 뒷받침되는 특별한 제품에 대한 욕구를 말한다. 많은 사람이 메르세데스 벤츠(Mercedes Benz)를 원하지만, 그것을 살 수 있는 사람은 일부에 지나지 않는다. 그러므로 기업은 얼마나 많은 사람이 실제로 자신의 제품을 구매할 의지와 능력이 있는가를 측정해야 한다.

매슬로우의 인간 욕구 5단계 이론

우선 인간의 1차적 욕구인 니즈에 대해 자세히 알아보자. 인간의 욕구는 치열한 경쟁 속에서 살아남으려는 생존 욕구부터 시작하여 자아실현 욕구에 이르기까지 끝이 없다. "인간의 욕구는 얼마나 다양하고 또 욕구 간에는 어떤 순차적인 단계가 있는 것일까?" 이런 본질적인 질문에 대해 에이브러햄 매슬로우(Abraham H. Maslow)는 1943년 인간 욕구에 대한 이론을 제안했다. 바로 '매슬로우의 인간 욕구 5단계 이론(Maslow's hierchy of needs)'이다. 이 이론에 의하면 사람은 누구나 다섯 가지 욕구를 가지고 태어나는데 이들 다섯 가지 욕구에는 우선순위가 있어 단계가 구분된다는 것이다.

사람은 가장 기초적인 욕구인 생리적 욕구(physiological needs)를 제일 먼저 채우려 하는데 이 욕구가 어느 정도 충족되면 다음에는 안전해지려는(safety) 욕구를, 이 또한 어느 정도 만족되면 소속과 애정(belonging & love) 욕구를, 그리고 더 나아가 자기존중(self-esteem) 욕구와 마지막 욕구인 자아실현(selfactualization) 욕구를 차례대로 만족하려 한다는 것이다. 즉, 사람은 다섯 가

매슬로우의 인간 욕구 5단계 이론(Maslow's hierarchy of needs)

지 욕구를 만족하려 하되 가장 기초적인 욕구부터 차례로 만족하려 한다는 것이다.

좀 더 자세히 알아보자. 첫 번째 단계는 생리적 욕구이다. 우리 생활에서 가장 기본적인 요소들이 포함된 단계이다. 사람이 하루 세끼 밥을 먹는 것, 때마다 화장실에 가는 것, 그리고 종족번식 본능이 이 단계에 해당한다.

두 번째 단계는 안전 욕구이다. 우리는 흔히 놀이동산에서 롤러코스터를 탈 때 '혹시 이 기구가 고장이 나서 내가 다치지는 않을까?' 하는 염려를 한다. 신체적, 감정적, 경제적 위험으로부터 보호받고 싶은 욕구이다.

세 번째 단계는 소속과 애정 욕구이다. 어느 한 곳에 소속되고 싶은 욕구, 주위사람과 타인으로부터 사랑을 받고 싶은 욕구, 친구들과 교제하고 싶은 욕구, 가정을 이루고 싶은 욕구 등이 여기에 해당한다.

네 번째 단계는 자기존중 욕구이다. 스스로 자신감을 갖고 싶은 욕구, 그리고 더 나아가 타인으로부터 주목받고 존중받고 싶은 욕구를 말한다. 자기신뢰가 확실하게 형성되면 자연스럽게 주위로부터 존경을 받게 된다.

다섯 번째 단계는 자아실현 욕구다. 매슬로우는 최고 수준의 욕구로 이것을 강조했다. 모든 단계가 기본적으로 충족해야만 이루어질 수 있는 마지막 단계로, 자기 발전을 이루고 자신의 잠재력을 극대화할 수 있는 단계라 주장했다.

이러한 인간의 욕구 5단계는 경영학에서 두 가지 의미로 널리 사용된다. 하나는 인사 분야에서 인간의 심리를 다루는 의미로 쓰인다. 그 예로 승진이나 보너스, 주택 전세금 대출 등 사원들에게 동기부여를 위한 다양한 보상의 방법을 만드는 데 사용한다. 주로 사원들의 회사 생활에 동기를 부여할 때 사용한다 하여 '매슬로우의 동기부여 이론'이라고도 부른다.

다른 하나는 마케팅 분야에서 소비자의 욕구를 채우기 위해 단계별로 다른 마케팅 전략을 적용하는 데 사용한다. 예를 들면 채소를 구매하려는 소비자에게 안전 욕구가 있다고 가정하자. 마케팅 전략을 짜는 사람이라면 건강에 기초한 마케팅 전략을 구상해야 할 것이다. 마케팅 담당자가 고객의 욕구보다 더 높은 수준의 가치를 제공한다면 고객 만족을 실현할 수 있는 지름길이자 기회가 되는 것이다.

매슬로우는 죽기 전에 5단계 욕구 피라미드의 한계를 지적, 그 피라미드가 뒤집어져야 옳았다고 말했다. 자아실현 욕구가 인간의 가장 원초적인 욕구라는 것을 인정한 것이다. 경제가 풍족해지고 상상력, 창의성, 자기계발이 요구되는 현 세상에서는 뒤집힌 피라미드가 더욱 설득력을 가지고 있다. 요컨대 마케팅 관리자는 미처 만족하지 않은 고객의 욕구를 끊임없이 발굴해서 이를 만족시켜주는 상품을 제공할 수 있어야 한다.

원츠를 규명하려는 마케팅 이론의 전개

1945년 제2차 세계대전이 끝나면서 전시 체제로 사용되었던 생산설비가 민간용 제품을 만들기 시작하고 전쟁에 나갔던 군인들이 회사에 다니면서 소득이 크게 늘었다. 제품 수요도 늘긴 했지만, 생산시설이 더욱 많이 늘어나 제품 공급이 수요를 상회하여 1950년대 들어 초과공급 현상이 자주 발생했다. 그래서 어떻게 하면 사람들이 제품을 더 많이 사도록 할까 고민을 하게 되었고, 그에 따라 제품에 대한 고객의 욕구를 불러일으키는 마케팅이 기업에서 크게 주목을 받게 되었다.

닐 보든(Neil Borden)이 1953년 미국마케팅협회 회장 연설에서 '마케팅 믹스(marketing mix)라는 용어를 처음으로 언급하였다. 이는 마케팅 목표를 추구하는 데 필요한 도구들을 적절히 활용하여야 한다는 취지였다. 이후 1960년 제롬 매카시(Jerome McCarthy)는 자신의 책『마케팅 기초(Basic Marketing)』에서 4P 개념을 발표했다. 제품을 잘 관리하려면 상품(product)을 개발하고 가격(Price)을 결정한 후 장소(place)를 마련하여 제품을 판촉(promotion)하는 일이 중요하다면서 이 글자의 앞글자들을 따서 '4P' 개념을 제시한 것이다. 그 후 제품 판매 영역이 서비스로 확장되면서 사람(people), 공정(process), 물리적 환경(physical process)이 추가되어 '7P'가 되었고 다시 거시적 차원의 여론(public opinion)과 정치적 권력(political power)도 추가되었다.

4P는 시장이 어느 정도 정해진 시장에서 활용하는 전술적 마케팅 도구였다. 그래서 마케팅 전투보다 보다 넓은 마케팅 전쟁에서 이기기 위해 전략 개념이 필요하게 되었는데 여기에서 나온 마케팅 전략이 바로 STP 전략이다. 고객 관점에서 시장을

세분화하여(segmentation) 특정 목표 시장을 정하고(targeting) 경쟁 제품과 비교하여 자신의 입장을 어떻게 정할(positioning) 것인지를 결정하는 STP 전략이 만들어진 것이다. 마케팅이 제품 관리 차원에서 벗어나 고객 관리 차원으로 진입한 것이다. 물론 기업은 STP 마케팅 전략을 수립한 다음 4P 마케팅 믹스 전술을 구사하여 시장을 공략해야 한다. 특히 여기에서 포지셔닝은 알 리스(Al Ries)와 잭 트라우트(Jack Trout)가 1970년대에 제안한 매우 중요한 개념으로 1980년대에 두 사람에 의해 출간된 책 『포지셔닝』은 공전의 히트를 기록했다.

4P는 우리가 쉽게 알 수 있듯이 기업 관점에서 필요한 것이다. 그러면 고객 관점에서는 어떤 것이 중요할까? 이런 물음에 대한 대답으로 나온 것이 필립 코틀러가 주장한 4C인데, 바로 고객의 니즈와 원츠(Customer needs and wants), 고객에 대한 비용(Cost to Customer), 편리함(Convenience), 그리고 고객과의 소통(Communication)이다. 이는 마케팅의 중심이 판매자인 기업에서 구매자인 고객으로 점차 바뀐 것을 의미한다.

필립 코틀러는 제품 판매를 목적으로 하는 거래지향적인 시장을 제품 중심 시장이라고 하며 1.0시장으로 정의했다. 이에 그치지 않고 고객과의 관계를 중시하는 고객 지향 시장을 2.0시장으로 정의했다. 2.0시장에서는 기업은 매장에서 고객의 감성에 호소하고 멋진 체험을 제공하는 데 주력했다. 제품 디자인, 매장 디스플레이는 물론이고 종업원의 친밀한 고객 서비스를 중시했다. 1990년대부터 인터넷이 크게 확산되면서 기업은 고객 정보와 구매 정보를 잘 수집하고 관리하는 것이 가능해졌다. 또 고객이 오프라인 매장이나 인터넷 매장 사이트에서 구매한 상품에 대한 데이터를 분석하여 소비자의 구매 금액, 구매 상품 종류, 구매 취향을 분석하여 그에 맞는 프로모션을 제공하였다. 그래야 소비자가 일시적 구매자에 그치지 않고, 반복 고객, 충성 고객, 열성 고객이 되기 때문이다.

1990년대와 2000년대는 마케팅 분야에서 브랜드관리가 매우 부상했다. 소비자가 상품을 인식하고 사용하고 느끼는 총체적 느낌이 바로 브랜드이기 때문이다. 그래서 매출 기준으로 기업 순위를 매기는 포춘(Fortune)이나 기업의 매출, 자산가치와 시가총액을 종합해 기업 순위를 매기는 포브스(Forbes) 외에도 미래 예상 매출과 수익을 추산하여 브랜드 가치를 매기는 인터브랜드(Interbrand)가 크게 각광을 받은 이유다.

마케팅 3.0 시대

필립 코틀러는 제품 중심의 1.0시장에서 고객 지향의 2.0시장을 넘어 이제 가치 중심의 3.0 시장이 왔다고 했다. 이제 소비자들은 수많은 상품과 수많은 기업을 경험했기 때문에 자신의 구매력을 이용한 상품 선택권이 기업에 대한 일종의 투표권이라는 사실을 알게 됐다. 소비자들의 상품 구매는 수시로 이루어지며 이는 기업의 생명을 좌우한다. 또 사람들은 특정 기업이 모두가 함께 사는 세계에 도움이 되는 착한 기업인지 아닌지를 판단해 상품을 구매하는 경향도 보이게 되었다.

기업이 잘못하면 지구 환경이 망가질 수도 있고 기업이 투명하지 않게 돈을 벌어 비윤리적으로 쓴다면 이 또한 소비자 자신에게 결국 나쁜 영향을 준다는 것을 알게 된 것이다. 또 일부 기업들은 기업 행위를 단순히 이익 실현과 고객 만족에 그치지 않고 좀 더 큰 미션과 비전, 가치를 통해 사회에 기여하게 됐다. 소비자들은 이런 바른 기업들을 후원하기 위해 그 기업의 제품 가격이 비싸더라도 그러한 가격을 감수한다. 이제 소비자는 자신이 선택하는 제품이나 서비스가 기능이나 정서적 만족감을 충족시켜줄 뿐 아니라 영적 가치를 담아내기를 원하는 것이다. 따라서 이제 기업들은 자신의 상품을 구매하는 사람을 소비자로 보기보다 하나의 인격체로 봐야 한다. 소비자는 사회복지 같은 공익적인 활동을 많이 하고 지구를 살리는 친환경 활동을 하는 기업을 착한 기업으로 보고 그 기업의 상품을 더욱 구매하고 있다. 한마디로 말해 예전 같았으면 정부가 해야 할 일을 이제는 대기업이 해주어 자신의 영혼을 감동시켜주기를 소비자는 원하고 있는 것이다. 그만큼 사회의 여러 주체 중에서 기업의 위상은 크게 높아졌다.

3.0시장에서 소비자는 더 이상 수동적인 존재가 아니다. 소비자는 회사의 제품 개발에 생산자와 소통하고 제안을 하는 프로슈머(prosumer)가 되었고, 소비자 불만 해결 과정에서 있어서도 소비자는 오히려 공격적이고 주도적이다. 이제 기업과 소비자는 소비자가 아래에 있는 수직적인 관계가 아니라 수평

적 관계이며 기업의 마케터와 소비자는 대립적인 관계가 아니라 구분 자체가 모호한 관계가 됐다. 상품을 구입해 사용한 소비자가 주위 사람들에게 수많은 SNS를 이용해 자신의 평가를 보낸다. 상품을 추천할 수도 있고 비난할 수도 있다. 그 의견을 접한 사람들은 친분이 있는 상대의 말을 신뢰하게 된다. 상황에 따라 소비자는 기업의 훌륭한 마케터가 될 수도 있고, 기업을 위기에 빠뜨리는 검투사가 될 수도 있다. 따라서 이제 기업은 무엇을 감추려고 해도 감출 수가 없게 되었기 때문에 기업의 진정성(authenticity)은 매우 중요한 사항이 되었다.

이러한 마케팅의 진화 법칙은 시대와 국가, 그리고 특정 상황에 따라 일부 달라질 수는 있지만 온전한 상황에서는 거부할 수 없는 법칙이라고 볼 수 있다. 앞으로 더욱 거세게 다가올 3.0시장에 대비하여 기업은 단단히 준비해야 할 것이다.

점유율의 진화 법칙

회사에 다니는 사람들에게 "'점유율' 하면 어떤 점유율이 생각나는가?"라고 한번 물어 보자. 아마도 대부분 사람은 '시장점유율(market share)'이라고 대답할 것이다. 시장점유율은 단기적으로 한 기업의 판매액이 해당 시장에서 얼마만큼의 비율을 차지하고 있는지를 보여 주는 숫자이다. 해당 기업의 상대적인 경쟁우위를 말해주는 숫자이기 때문에 매우 중요하다. 그런데 이렇게 유용한 수치임에도 시장점유율 개념에는 한계가 존재한다.

예를 하나 들어 보자. 코카콜라 사(社)는 콜라 시장에서 코카콜라의 시장점유율이 얼마냐에 대해 초미의 관심을 기울인다. 그들은 경쟁사인 펩시콜라에 자사의 시장점유율을 빼앗기지 않으면서 상대방의 시장점유율을 더 획득하려고 노력한다. 그런데 시장점유율을 더 올리려면 광고, 프로모션을 비롯한 마케팅 비용이 많이 든다. 따라서 시장점유율은 오르지만 수익성은 오히려 떨어지는 결과를 낳는다. 또 상품에 따라 다르지만 시장을 독점한다고 정부가 공정거래법을 거론하며 독점 규제에 나설지도 모른다. 또 시장점유율이 너무 높으면 해당 회사 직원들의 마음이 해이해지기 쉽다. 이 시장을 지배하는 제품은 자신들뿐이라고 우쭐한 마음을 갖기 때문이다.

이런 시장점유율 개념에는 또 하나의 치명적인 약점이 있다. 바로 시장의 범위를 어디까지로 볼 것이냐에 대한 문제다. 단순히 콜라 시장만 보면 코카콜라의 시장점유율이 당연히 높지만, 청량음료 시장으로 확대하면 코카콜라의 시장점유율은 크게 떨어진다. 이를 음료 시장으로 확대해 보면 코카콜라의 시장점유율은 더욱 떨어진다. 펩시콜라가 아닌 다른 청량음료가 강세를 띠게 되면 코카콜라 시장점유율을 크게 잠식할 가능성이 얼마든지 있는 것이다.

따라서 어떤 회사의 CEO는 자사 상품의 시장 점유율이 50% 이상 넘으면 해당 시장의 범위를 더 확대하라고 직원들에게 주문한다. 자사 직원들의 안이한 태도에 일침을 가하고 사업의 영역을 더 넓게 확장하는 기회로 삼기 위해서다.

이처럼 시장점유율은 한계가 있는 개념이다. 그래서 나온 대안 개념이 바로 '마음점유율(mind share)'이다. 예를 들면 "콜라' 하면 어떤 콜라가 생각나느냐?"라고 소비자에게 물어보았을 때 60%의 소비자가 코카콜라를 연상했다면 코카콜라의 마음점유율은 60%이다. 만약 현재 코카콜라의 시장점유율이 50%라면 추가적인 10%의 마음점유율은 코카콜라의 브랜드 프리미엄이라 할 수 있을 것이다.

물론 마음점유율은 머릿속에 존재하는 가상의 수치이고 실제 구매로 나타나는 숫자는 아니다. 그러나 마음점유율이 중요한 이유는 브랜드에 대한 소비자의 애정을 보여 주기 때문이다. 마음점유율이 시장점유율보다 높으면 이 회사의 시장점유율이 향후 높아질 가능성이 커진다.

그런데 마음점유율보다 더 중요한 개념이 있으니, 바로 '애정점유율(heart share)'이다. 데이비드 울프(David Wolfe), 라젠드라 시소디어(Rajendra Sisodia), 잭디시 세스(Jagdish Sheth)는 사람들이 어떤 기업을 사랑하는지를 조사해서 가장 인간적인 기업을 선정했는데 이 기업들은 사회와 협력사, 투자자, 지역사회, 직원 등 주요 이해관계자와 돈독하게 지낸 기업이다. 이들 기업은 단지 이윤만을 목적으로 하지 않고 소비자의 감성과 체험, 기업의 사회적 가치까지 중시했는데 이런 기업이 바로 애정의 기업으로 선정된 것이다. 애정의 기업은 사람들에게 사랑과 기쁨, 신뢰, 공감, 감동을 불러일으킨다. 따라서 사람들은 이런 기업에는 협력사와 직원으로 함께 일하고 싶고 투자하고 싶으며 소비자로서 이 회사의 제품을 구매하고 싶은 마음이 든다.

이렇게 선정된 기업에는 아마존, 스타벅스, BMW, 구글, 혼다처럼 우리에게 친숙한 기업도 있고 중고차 전문 업체인 카맥스(Car Max), 유기농 식품유통사인 트레이더 조스(Trader Joe's), 보험사 프로그레시브(Progressive Corp)처럼 다소 생소한 기업도 있다. 이들 애정의 기업들은 소비자로부터 애정을 듬뿍 받는 동시에 재무적 성과도 탁월했다.

점유율에는 시장점유율과 마음점유율 외에도 고객점유율과 지갑점유율도 있다. 하지만 소비자의 마음을 확실히 얻으려는 기업들은 애정점유율에 보다 신경 써야 한다. 위대한 기업보다는 사랑받는 기업이 더 오래 생존하고 수익성도 좋다. 점차 감성이 강조되는 사회상을 볼 때 앞으로 이러한 추세는 더욱 강화될 전망이다.

마케팅 제국주의

어떤 학문이 발전하면 그 학문의 영역이 인접 학문으로 확장하곤 한다. 과거 경제학이 그랬다. 경제학자들은 경제학의 분석도구를 사회학, 정치학, 심리학, 생태학에 적용하여 사회경제학, 정치경제학, 행복경제학, 행동경제학, 신경경제학, 환경경제학으로 확장시켰다. 노벨경제학상을 받은 시카고대학 경제학자 게리 베커(Gary S. Becker)가 바로 경제학의 분석도구를 범죄, 결혼, 중독 같은 사회 현상에 적용한 대표적인 학자다.

최근에는 생물학이 크게 발전하면서 생물학을 인근 학문으로 확장시키려는 노력이 한창 이루어지고 있다. 생물학자인 에드워드 윌슨(Edward Wilson)이 바로 그런 작업을 하고 있는데 인접 학문으로부터 심한 반발을 사고 있다. 생물학의 진화론에 근거하여 경제를 분석하려는 시도가 진화경제학으로 나타나고 있는 것이다.

그러면 한창 만개한 마케팅학은 어떤 식으로 제국주의의 행태를 보이고 있을까? 원래 마케팅은 기업을 위한 학문으로 출발했다. 그런데 그 대상이 점차 NGO는 물론 재단, 박물관, 공연예술단체, 사회복지기관, 교회와 같은 비영리단체로까지 확대되었는데 여기서 피터 드러커와 필립 코틀러가 지대한 공을 세웠다. 피터 드러커는『비영리단체의 경영』이라는 책을 썼고, 필립 코틀러는『비영리단체를 위한 전략적 마케팅』『사회 마케팅』『퍼블릭 마케팅』이란 책을 썼다. 문화예술단체들도 마케팅을 도입하였는데 필립 코틀러는 박물관과 미술관을 위한 마케팅 전략을 담은『박물관 미술관학』을 썼고, 공연단체의 마케팅 전략을 알려주기 위해『전석 매진』이란 책을 썼다. 또 포교가 마케팅이라는 점에서 종교도 예외가 아니었다. 필립 코틀러는『교구를 위한 마케팅』이란 책도 썼다.

그러다 마케팅의 한 분파인 브랜딩의 중요성이 국가와 도시 같은 지자체에서도 강조되면서 필립 코틀러는『국가 마케팅』『내 고장 마케팅』이라는 책도 썼다. 사이먼 안홀트(Simon Anholt)는 이를 더욱 발전시키고 계량화하여 국가브랜드 지수, 시티브랜드 지수를 매년 발표하고 있다. 예를 들면 사이먼 안홀트 교수와 조사기관인 Gfk Roper Public Affairs & Media는 2005년부터 매년 세계 도시에 대해 공동 조사를 하여 '안홀트지에프케이 도시 브랜드지수(AnholtGfk Roper City Brands Index)'를 발표하고 있다. 세계 50개 주요 도시의 미관, 기후, 잠재력, 생활양식 등 6개의 큰 카테고리를 설정하고 이와 들어맞는 다양한 항목에 대해 20개의 주요 도시에 거주하는 18세 이상의 성인 1만여 명을 대상으로 온라인 설문조사를 한다.

그리고 개인 간 경쟁이 심해지고 개인 브랜드가 크게 중시되면서 퍼스널 마케팅이 강조되고 있다. 유명 인사를 중심으로 하여 필립 코틀러는 『퍼스널 마케팅』이라는 책을 썼다.

그의 대표작은 역시 1967년 출간한 『마케팅관리론』이다. 이 책은 그 당시까지의 마케팅 이론을 아주 체계적으로 수립한 책으로 전 세계인의 마케팅 교과서로 줄곧 군림해 왔다. 2011년판이 가장 최근 판인데 무려 14판에 이른다.

마케팅의 여섯 가지 쾌(快) 요소

어떻게 하면 아주 멋진 마케팅을 할 수 있을까? 필자는 여섯 가지 요소를 제안한다. 모두 '쾌(快)'자 돌림이다. '명쾌, 유쾌, 흔쾌, 상쾌, 경쾌, 완쾌'가 바로 그것이다. 이를 육각형 모델이라고 부르자.

우선 '명쾌(明快)'가 있다. 사람이 하는 말이나 쓴 글의 내용이 명백하여 시원하면 '말이 명쾌하다.' 혹은 '글이 명쾌하다.'라고 평가한다. 우리 뇌를 좌뇌와 우뇌로 나눈다면 명쾌는 이성적인 좌뇌에 해당한다. 명쾌에 해당하는 영어는 Clear, Lucid, Explicit다. 상품의 기능과 회사의 비전 및 정책이 확실하면 기업은 소비자에게 명쾌한 이미지를 줄 수 있다.

명쾌가 이성적, 논리적 요소인데 반해 '유쾌(愉快)'는 감성적 요소로 사람에게 즐거움을 준다. 유쾌는 우리의 뇌 중 감성적인 우뇌에 해당한다. 영어 표현으로는 Cheerful, Pleasant가 해당한다. 매장 분위기가 좋다든가, 상품 디자인이 눈길을 확 끈다든가, 종업원의 서비스가 고객을 즐겁게 하면 고객들은 기업에 대해 유쾌한 이미지를 갖게 된다. 기업의 여러 이미지 중에 유쾌한 이미지는 앞으로 더욱 중요해질 것이다.

'흔쾌(欣快)'도 있다. 흔쾌는 마음이 기쁘고도 넉넉한 경우를 말한다. 예를 들면 나의 제안을 흔쾌하게 받아들여 주었다든지, 흔쾌하게 기부를 해주었다든지 할 때 사용한다. 영어로는 Generous, Willing을 들 수 있다. 요즘은 기업의 사회적 책임이 강조되면서 공공의 목적에 부응하는 혜택을 기업이 제공하면 소비자는 그 기업이 착한 기업, 배려심 많은 기업이라는 좋은 이미지를 형성하게 된다.

'상쾌(爽快)'는 느낌이 시원하고 산뜻한 경우인데 Refreshing, Exhilarating이 이에 해당하는 영어 단어이다. 최근 지구 온난화, 기후변화, 웰빙에 대한 관심이 많이 늘어나고 있다. 기업이 환경과 건강에 이로운 활동을 하면 상쾌한 기업이 되어, 지속 가능한(sustainable) 기업의 조건을 갖출 수 있다.

또 '경쾌(輕快)'도 있다. 몸집이 가볍고 날렵해서 움직임이 시원시원한 경우다. 속도와 순발력이 경쟁력인 시대에 중요한 덕목이다. Speedy, Quick, Nimble이 이에 해당하는 영어단어다. 트위터, 페이스북 같은 SNS가 보편화하는 시기에 고객의 소통 욕구에 기업이 시시각각 반응하지 않는다면 소비자는 기업이 뒤처졌다는 이미지를 지울 수 없을 것이다. 신속한 주문과 신속한 배달, 매장에서 줄을 짧게 서게 하는 것이 모두 여기에 해당한다.

마지막으로 어떤 쾌가 있을까? '완쾌(完快)'가 있다. 질병에 걸려 고생하다가 병이 나으면 말끔히 완쾌된다. 영어로는 Fully Recovered라고 표현할 수 있다. 기업이 아무리 노력을 해도 기업이 만들어 판매하는 상품의 품질과 종업원의 조그만 잘못에 대해 고객이 불만을 품을 수 있다. 이런 경우 고객 불만을 최대한 없애기 위해 많은 노력을 기울여야 한다. 불만을 제대로 해결해주지 못하면 부정적인 영향은 부메랑 효과가 되어 엄청나게 크게 돌아온다. 반대로 고객의 기대를 훨씬 뛰어넘도록 불만을 없애 준다면 고객의 충성도는 그렇지 않은 경우에 비해 훨씬 높아진다. 요즘 치유(healing)라는 개념이 크게 주목을 받고 있는데 완쾌는 바로 이 치유에 초점을 맞춘다.

기업이 마케팅을 잘하기 위해 이 여섯 가지 모두에 초점을 맞추면·가장 완벽하게 할 수 있다. 모두에 초점을 맞출 수 없다면 명쾌와 완쾌를 가장 중시해야 할 것이다. 그다음으로는 유쾌

쾌의 종류	영어	중심 용어
명쾌(明快)	Clear, Lucid, Explicit	이성(Logic)
유쾌(愉快)	Cheerful, Pleasant	감성(Emotion)
흔쾌(欣快)	Generous, Willing	영혼(Spirit)
상쾌(爽快)	Refreshing, Exhilarating	환경(Environment)
경쾌(輕快)	Speedy, Quick, Nimble	속도(Speed)
완쾌(完快)	Fully Recovered	치유(Healing)

마케팅을 위한 여섯 가지 '쾌(快)'.

와 경쾌를 중시해야 할 것이고, 마지막으로 흔쾌와 상쾌에 신경을 써야 할 것이다. 이러한 단계적 접근 방법이 가장 일반적인 순서지만, 좀 더 공격적이고 차별적인 방법으로 접근하려는 기업은 그 순서를 바꿔도 무방하다. 유쾌, 경쾌, 흔쾌, 상쾌를 다른 쾌들보다 우선시할 수 있다는 의미다. 실제로 그렇게 해서 성공한 기업들도 많다.

그리고 이상에서 언급한 여섯 가지 쾌 외에도 '호쾌(豪快)'와 '통쾌(痛快)'가 있다. 이에 대해서는 기업이 각자 자사의 사정을 고려하여 나름대로 해석한 후 기업 이미지 관리에 적용해보면 흥미로울 것이다.

1단계		2단계		3단계		4단계
명쾌, 완쾌	→	유쾌, 경쾌	→	흔쾌, 상쾌	→	호쾌, 통쾌

마케팅 효과 극대화를 위한 단계별 접근 방법.

커피 시장에 적용한 6쾌 마케팅

그러면 6쾌 마케팅 프레임워크를 가지고 그 동안 커피 시장에서 일어났던 일을 분석해보자.

커피 시장 규모

이 세상에서 우리 인간이 가장 많이 마시는 음료는 당연히 물이다. 그러면 물 다음으로 어떤 음료를 가장 많이 마실까? 보통 세계 3대 음료로 커피, 녹차, 우유를 말하는데 이 중 커피를 가장 많이 마신다고 한다. 전 세계에는 수많은 상품거래소에서 거래를 가장 많이 하는 상품은 석유이고, 그다음이 커피이다. 커피는 원유처럼 생산지역이 제한되어 있지만, 소비지역은 매우 광범위하므로 거래가 많고 무역이 활발하다.

그러면 커피, 보다 정확히 말하면 커피나무의 열매인 생두는 전 세계적으로 얼마나 많이 생산되고 있을까? 2010년 기준 1억 3,500만 포대의 커피를 생산했는데, 한 포대당 60kg이니 810만 톤의 커피가 매년 생산되고 있는 셈이다.

전 세계적으로 보면 커피 생산국은 70개국에 이른다. 그렇다면 어느 나라에서 가장 많이 생산될까? 2010년 경우를 보면 최대생산국은 남미의 브라질이다. 세 번째로 많이 생산하는 국가는 인도네시아, 네 번째는 콜롬비아, 다섯 번째는 에티오피아이다. 그럼 두 번째로 많이 생산하는 국가는 어디일까? 뜻밖에도 두 번째 생산국은 베트남이다.

커피에는 품질이 좋은 아라비카(Arabica) 커피와 품질이 좀 떨어진 로부스타(Robusta) 커피가 있는데, 베트남에서 생산하는 커피는 대부분 로부스타이다. 19세기 후반 아프리카 콩고에서 발견된 이 커피는 병충해에 강하고 저지대에서 재배가 가능해 대량생산이 가능하다. 우리나라가 수입하는 커피 중 상당 비중은 베트남에서 생산되는 커피가 차지하고 있다. 2008년에는 우리나라의 커피 수입 중 베트남의 비중이 무려 48%나 되었으나 최근 들어 고급 원두커피의 수요가 늘어나면서 2010년 베트남의 비중이 31%로 많이 줄어들었다.

이제 커피 소비로 넘어가서 커피를 많이 소비하는 국가를 한번 살펴보자. 커피 수입국의 물량을 보면 미국이 가장 많이 수입하고 그 뒤를 이어 독일, 이탈리아, 프랑스, 일본 순서이다. 한 사람당 커피 소비량이 가장 많은 국가는 룩셈부르크이고 그

〈 국가별 커피 생산량 순위(2010년 기준) 〉			
구분	국가	생산량(1,000포대)	품질
1위	브라질	48,095	아라비카/로부스타
2위	베트남	18,000	로부스타
3위	인도네시아	9,500	아라비카/로부스타
4위	콜럼비아	9,000	아라비카
5위	에디오피아	7,450	아라비카
6위	인도	5,000	아라비카/로부스타
7위	멕시코	4,500	아라비카
8위	콰테말라	4,000	아라비카/로부스타
9위	온두라스	3,850	아라비카
10위	페루	3,718	아라비카
2010년 세계 총 커피 생산: 1억 3,500만 포대(1포대 = 60kg Bags)			

출처: 국제커피기구(ICO).

다음은 핀란드이다. 그러면 전 세계적으로 하루에 커피 몇 잔이 소비되고 있을까? 한 통계에 의하면 25억 잔이라고 한다. 전 세계 인구가 70억 명이니 전 세계 사람들이 하루에 커피를 1/3잔을 마시는 셈이다. 우리나라 통계 자료에 의하면 우리나라 사람은 1년에 350잔을 마신다고 하니 하루에 거의 1잔을 마시고 있는 셈이다.

커피 산업은 엄청난 고용창출 효과를 내고 있다. 전 세계적으로 2천만 명의 사람들이 커피와 관련된 일자리에서 일하고 있다. 커피나무를 재배하는 사람, 커피 생두를 운송하는 사람, 커피 생두 거래업자, 커피 머신을 만드는 사람, 커피를 볶는 사람, 커피를 서빙 하는 사람, 카페 주인 등 정말 많다.

우리나라 커피시장 규모는 얼마나 될까? 2011년 기준 우리나라 커피시장 규모는 3조 원에 이르렀다. 이 중에 커피믹스 시장이 1조 2천억 원, 커피전문점은 1조 원, 캔 커피는 2,200원, 캡슐 커피는 1천억 원, 기계 및 원부자재는 2천억 원 정도

국가별 커피 소비량 순위(2009년)						
2009년 커피 소비 상위 10개국				2009년 커피 1인당 소비량		
구분	국가	소비량(1,000포대)		구분	국가	1인당소비량(Kg)
1위	미국	21,784		1위	룩셈부르크	27.40
2위	브라질	18,945		2위	핀란드	11.91
3위	독일	9,292		3위	노르웨이	8.92
4위	일본	7,130		4위	덴마크	7.89
5위	이탈리아	5,806		5위	스위스	7.65
6위	프랑스	5,677		6위	스웨덴	7.35
7위	스페인	3,351		7위	독일	6.50
8위	인도네시아	3,333		8위	오스트리아	6.36
9위	캐나다	3,292		9위	슬로베니아	5.89
10위	영국	3,220		10위	캐나다	5.88
	대한민국	1,551			대한민국	1.93

출처: 국제커피기구(ICO).

이다. 커피전문점은 모두 1만여 개에 달한다.

이렇게 커피 시장이 커지고 경쟁이 치열해지다 보니 커피 업체의 마케팅도 치열하다. 커피 업계의 마케팅 노력을 여섯 가지 관점에서 들여다보자. 고객의 이성에 호소하는 명쾌한 마케팅, 고객의 감성에 호소하는 유쾌한 마케팅, 고객의 영혼에 호소하는 흔쾌한 마케팅, 고객을 둘러싼 환경을 보호하자고 강조하는 상쾌한 마케팅, 새로운 미디어 발전으로 고객과의 원활한 소통을 강조하는 경쾌한 마케팅, 고객의 불만을 해결해 주는 완쾌 마케팅이 바로 그것이다.

이러한 여섯 가지 마케팅이 성공적으로 이루어지면 기업은 통쾌한 마케팅을 할 수 있다. 만약 실패한다면 고객은 그 기업에 대해 불쾌한 마케팅을 한 기업으로 인식하여 결국 그 기업을 외면하게 될 것이다.

커피 업계의 명쾌한 마케팅

명쾌한 마케팅은 상품의 기능이나 품질을 통해, 그리고 혁신적인 신상품을 개발해 소비자에게 차별화된 가치를 제공하는 것을 말한다. 가능하면 품질은 높이고 가격은 낮추어 소비자에게 최대의 가치를 제공하는 것이 중요하다. 여기에는 품질관리, 신제품 개발, 혁신이 해당한다.

콜롬비아 커피의 품질 관리

콜롬비아는 브라질과 베트남에 이어 전 세계 커피의 13%를 생산하는 생산량 3위 국가다. 콜롬비아 경제에서 커피가 차지하는 비중 또한 상당하다. 전체 취업 인구의 1/4에 해당하는 200만 명이 커피를 생산하는 일을 하고 있기 때문이다. 이처럼 커피산업이 중요하므로 콜롬비아는 커피를 국가정책 산업의 일환으로 집중적으로 관리하고 있다.

콜롬비아는 고급 커피 전략을 취하고 있다. 아라비카 커피만을 생산하며 질이 낮은 로부스타는 정책적으로 생산하지 않는다. 콜롬비아에서 재배하는 품종은 아라비카 중에서 버번, 마라고지페, 카투라, 티피카인데 최고급 커피의 대부분은 티피카와 카투라 품종이다. 주요 재배 지역은 메델린, 아르메니아, 마니잘레스, 부카라망가, 페라이라, 보고타 등이다. 특히 전체 생산량의 70%를 차지하고 있는 메델린(Medelin), 아르메니아(Armenia), 마니잘레스(Manizales)에서 재배된 커피에 대해서는 앞

글자를 따서 MAM's라는 브랜드를 붙이고 있다.

19세기 초 프랑스 선교사에 의해 프랑스로부터 베네수엘라를 거쳐 콜롬비아에 커피가 처음 도입되었는데, 1900년 무렵부터 세계 커피 시장에서 두각을 나타내기 시작했다. 당시 브라질은 저렴한 가격과 풍부한 생산량을 무기로 커피를 판매한 데 반해 콜롬비아는 뛰어난 질과 높은 가격을 무기로 시장에서 인기를 얻었다.

콜롬비아 커피는 안데스 고산 지대 해발 1,000~2,000미터 가파른 고원의 화산재 퇴적 지대에서 재배된다. 비옥한 화산재 토양, 맑고 풍부한 물과 일조량, 고원지대의 온화한 기후 및 큰 일교차 등 커피를 재배할 수 있는 최적의 조건을 제공하는 자연 덕분에 콜롬비아 커피는 일반 커피 중에서 최고급으로 평가된다. 특히 계곡의 풍부한 물 때문에 습식(washed) 건조법으로 가공하여 커피의 향이 좋다. 뛰어난 아로마 향과 부드러운 신맛을 지닌 마일드 커피(mild coffee)가 특히 유명하다.

콜롬비아 커피는 브라질식의 대규모 농원이 아니라 '카페테로(cafetero)'라 불리는 중소 규모의 자영 농장에서 생산된다. 모두 손으로 직접 수확하며 삼베 부대에 담겨 말, 당나귀로 운반한다. 안데스의 가파른 고원지대에서 재배되기 때문에 기계화는 물론 자동차로 운반하는 것 또한 쉽지 않다.

1927년 설립된 콜롬비아 국립 커피생산자연합회(FNC: Federacion Nacional de Cafeteros)는 커피의 품질 향상, 판매질서 확립, 생산자 가격 유지, 해외시장 개척 등 다양한 활동을 해왔다. 스페셜티 커피(specialty coffee)를 만들기 위한 프로그램을 추진했고 철저한 검사를 통과한 커피만을 수출하도록 하고 있다. 이 연합회는 커피 원두의 크기에 따라 등급을 나누어 수출하고 있는데 크기가 스크린(screen)17 이상인 것을 '수프리모(Supremo)'라고 하고 스크린14~16인 것을 '엑셀소(Excelso)'라고 하여 구분하고 있다. 1스크린은 0.4mmm다. 스페인어로 '최고급'을 의미하는 수프리모는 스페셜티 커피에 속하며 엑셀소는 수출용 표준 등급이다. 스크린13인 U.G.Q.(Usual Good Quality) 등급과 스크린12인 카라콜리(Caracoli) 등급에 대해서는 수출을 금지하고 있다.

이러한 엄격한 품질관리 결과, 전 세계 만 명의 회원을 보유하고 있는 세계 최대 커피협회인 SCAA(Specialty Coffee Association of America)는 2010년 9개의 후보 중 콜롬비아의 비라맥스(Viramax)를 올해 최고의 커피로 선정했다.

콜롬비아 커피생산자연합회는 콜롬비아 커피 홍보를 위해 후안 발데즈(Juan Valdez)라는 가공의 인물을 만들어냈다. 이 캐릭터는 안데스 산맥에서 당나귀에 커피를 싣고 오는데 카우보이모자와 망토를 걸치고 콧수염을 기르고 있다. 실제로 콜롬비아에서는 커피 수송에 당나귀를 사용하고 있다. 후안 발데즈는 가공의 인물이지만 실제 모델은 카를로스 산체스(Carlos Sanchez, 콜롬비아 배우)였다. 그는 수십 년간 콜롬비아 커피 광고 모델과 홍보요원으로도 활동해 왔고 실제로 커피 주말농장도 소유하고 있었다고 한다. 후안 발데즈는 영화 「브루스 올마이티(Bruce

Almighty)」에도 등장한다. 신의 능력을 가진 주인공 브루스가 커피를 원하자 후안 발데즈가 나와 창을 통해 콜롬비아 수프리모를 직접 따라주는 모습이 나온다.

이처럼 콜롬비아에서는 커피 재배가 경제에 미치는 영향이 막대하여 국제적으로 커피 가격이 하락하면 농가는 수입을 늘리기 위해 또 다른 현금작물인 코카인 재배를 늘리기도 하여 사회적 문제를 일으키고 있다. 선진국에 유입되는 코카인이 많아져 콜롬비아에서 코카인 재배를 하지 못하도록 압력을 주기 때문이다. 콜롬비아는 독일에 커피 생산의 1/3을 수출하는 등 유럽 공동체에 많은 양을 수출하고 있는데 코카인 생산에 대항하는 수단으로 관세에서 많은 혜택을 받고 있다. 반면에 인접 국가인 페루는 기존의 코카인 재배지가 커피 재배지로 바뀜에 따라 콜롬비아를 위협하고 있다. 페루 커피는 가격경쟁력이 좋으며 유기농으로 재배한 커피가 많아 선진국에서 인기를 끌고 있다. 페루 커피의 생산량은 이제 콜롬비아 커피 생산의 30% 수준까지 육박했다.

인스턴트커피 개발

커피 생두를 가공하여 커피 제품을 만드는 제조 분야를 보면 전 세계적으로 네스카페와 테이스터스 초이스 브랜드를 가지고 있는 네슬레, 맥스웰 하우스와 맥심 브랜드를 가지고 있는 크래프트, 폴저스 브랜드를 가지고 있는 프록터 앤드 갬블이 큰 회사에 속한다. 이들 회사는 물에 넣기만 하면 금방 커피가 되는 인스턴트커피를 가지고 있는데 인스턴트커피가 만들어진 과정을 보면 흥미롭다. 인스턴트커피는 언제 처음으로 만들어졌을까?

'물에 녹는 커피(Soluble coffee)'인 인스턴트커피는 1901년 미국에서 첫선을 보였다. 시카고에서 일하던 일본인 과학자 사토리 가토(Satori Kato) 박사가 커피 추출물을 진공건조 하는 기술을 개발해 뉴욕주 버팔로에서 열린 박람회(PanAmerican Exposition)에서 커피분말을 처음으로 선보인 것이다. 그 후 조지 워싱턴(George Constant Luis Washington)이 인스턴트커피 기술을 별도로 개발해 특허를 얻어 1906년 뉴욕 브루클린에 인스턴트커피 공장을 세운 후 인스턴트커피를 1910년에 출시했다. 하지만 많은 광고를 했음에도 커피가 물에 잘 녹지 않아 시장의 반응은 차가웠다.

그 후 1918년 인스턴트커피 상업화가 다시 시도되었다. 아버클 브러더스 사는 미국 병참 부대로부터 물에 녹는 커피 생산 연구 및 시험 생산 의뢰를 받아 제품을 만들었고 1921년에 미국 특허를 획득했다. 하지만 맛이 좋지 않고 향기도 없어서 1차 시도 때와 마찬가지로 시장의 반응은 차가웠다.

인스턴트커피가 본격 개발된 때는 1938년이었다. 당시 1930년대는 전 세계적으로 불황이 휩쓸고 있었기 때문에 커피 생두 최대생산국이었던 브라질은 커피 재고가 넘쳐서 이 문제를 해결하는 방법을 찾아달라고 스위스 식품기업인 네슬레에 요청한다. 그래서 네슬레의 커피 전문가였던 막스 모건탈러(Max

Morgenthaler) 연구팀은 물만 부어도 쉽게 용해되어 커피 본연의 맛과 향을 살릴 수 있는 커피를 개발했는데 이것이 상업화에 성공한 세계 최초의 인스턴트커피다. 네슬레에서 개발했기 때문에 네스카페(Nescafe)라는 브랜드가 도입되었다.

최근에는 인스턴트 커피도 프리미엄화 되고 있는 추세다. 스타벅스에서는 비아(VIA) 브랜드를 2008년에 출시했고, 동서식품에서는 뒤늦게 2011년에 카누(KANU) 브랜드를 출시하였다.

커피믹스 개발

커피믹스는 커피와 설탕, 프림을 일정 비율로 배합하여 봉지에 방습 포장한 일회용 인스턴트커피다. 한국에서 이 커피믹스는 동서식품이 1976년에 처음 출시했다. 동서식품은 우리나라 주식회사 동서와 미국의 제너럴푸드(1989년에 크래프트 사와 합병됨) 사가 합작해 1968년에 만든 회사. 1970년대 당시만 하더라도 사람들은 다방 커피에 익숙했는데 커피믹스가 다방 커피맛을 제공했고, 따뜻한 물만 있으면 커피믹스를 쉽게 타 먹을수 있기 때문이었다. 한국에서 1976년 출시 이후 급속하게 늘어난 커피믹스의 성공 비결은 무엇일까?

첫째, 가장 큰 장점은 편리성이다. 한국 경제가 꾸준히 성장하면서 사람들의 소득은 올랐지만, 시간이 부족해지면서 더욱더 편리성을 추구하게 되었다. 커피믹스는 회사나 야외 어디에서도 휴대가 편리하고 간편하게 사용할 수 있다. 때맞춰 도입당시 정수기가 크게 보급되면서 정수기에서 뜨거운 물을 받아 커피믹스를 타기만 하면 됐기에 직장인이 커피를 직접 타서 마시는 추세가 정착되면서 커피믹스 판매량은 급증했다.

둘째, 여성 교육의 보편화로 인한 여권 신장도 커피 믹스 성공의 또 다른 이유다. 고급 여성 인력이 늘어나면서 여성에 대한 편견과 고정관념이 없어지고 가치관도 많이 바뀌었다. 예전에는 직장에서 커피를 타 주는 여직원들이 많았지만 이제는 그렇게 부탁할 수 있는 분위기가 형성되어 있지 않다.

셋째, 커피믹스가 일정한 맛 속에서 다양한 선택권을 소비자에게 제공하고 있는 것도 성공 요인 중 하나다. 소비자들은 각자의 기호와 취향에 맞는 맛을 선택하고 싶어한다. 커피도 예외가 아니다. 커피 회사는 배합의 정도가 각각 다른 스틱형 커피믹스, 디카페인, 카푸치노, 마일드 등의 다양한 맛을 내어놓아 소비자들의 이러한 욕구를 만족하게 했다.

넷째, 에스프레소 커피전문점 확산에 대응하기 위해 커피믹스 기업은 고급화 전략을 구사했다. 테이스터스 초이스는 다른 기업에 비해 가장 빠른 2001년 정통 라떼 맛의 오리지널과 모카, 프렌치 바닐라 등 3가지 프리미엄 커피믹스를 출시했다. 이에 자극을 받은 동서식품은 2002년 맥심 카푸치노를 출시했고 대상도 로즈버드 카페 비엔나, 로즈버드 카푸치노를 내놓았다. 이처럼 커피믹스의 고급화는 현재까지 지속하고 있다.

자판기 커피

동서식품이 처음 커피믹스를 출시했던 1976년, 역시 처음으로 서울역과 종로에 자판기 커피가 나타났다. 자판기 버튼을 누르면 기계가 커피를 끓여주었다. H개발이 자판기 27대를 제작, 서울 지하철 1호선인 서울역과 종로에 설치했다. 공중전화 고장 선입견 때문에 커피 자판기도 자주 고장을 일으킬 것이라는 사람들의 우려에 첫 반응은 신통치 않았다.

하지만 1978년 금성사, 삼성전자, 롯데산업이 자판기 시장에 진입하면서 상황은 급변했다. 1979년에는 4,000여 대의 자판기가 전국에 설치되어 하루 판매량 102만 잔을 기록했는데, 이 수치는 서울 시내 다방 수인 3,640개소의 커피 판매량을 넘어선 수준이었다. 커피 자판기가 큰 인기를 끌면서 벽에 붙어있다 하여 '벽 다방'이라 불리기도 했다.

자판기 운영업자 입장에서 볼 때 자판기는 무점포 판매였기 때문에 인력비가 적게 들어 비용 절감이 가능했고, 자판기가 차지하는 면적이 작아서 공간 임대비용도 적게 들었다. 그리고 사람들이 동전을 넣기 때문에 현금판매로 자금회전이 빨라 소규모 창업을 하기에도 좋았다. 하지만 이제 자판기 커피는 위생상의 문제와 품질 좋은 커피에 대한 수요 급증으로 급속하게 인기를 잃어가고 있다.

프라푸치노

스타벅스가 펩시코와 함께 신제품을 개발했다가 실패한 제품이 있다. 바로 마자그린(Mazagran)이다. 이 음료는 탄산이 가미된 음료로 스타벅스 커피와 결합한 제품이었다. 이 제품은 스타벅스 매장 밖에서도 마실 수 있도록 시도된 것인데 결국 실패했다. 하지만 이 실패를 디딤돌로 삼아 스타벅스는 베스트셀러 메뉴인 프라푸치노 개발에 성공했다.

프라푸치노(Frappucino)는 에스프레소 커피에 저지방 우유와 미세하게 간 얼음을 섞은 음료다. 얼음이 작아지면 표면적이 늘어나 더 차갑게 느껴지기 때문에 간 얼음을 넣은 것이다. 프라페(Frappe)는 '차다'는 의미가 있는 이탈리아어다. 프라푸치노 제품군은 2009년까지 20억 달러나 판매되었을 정도로 스타벅스의 대단한 히트상품이다.

캡슐 커피

1980년대에 전 세계적으로 에스프레소 커피 붐이 일어나자 네슬레는 인스턴트커피인 네스카페에 만족하지 않고 1986년 자회사 네스프레소(Nespresso)를 통해 커피머신 사업에 진출한다. 커피숍은 물론이고 가정에서도 에스프레소 커피에 대한 수요가 많이 늘어날 것으로 예측한 것이다. 이 과정에서 캡슐 커피가 나왔다. 미리 로스팅 한 커피 원두를 액체 상태로 조그만 캡슐에 신선도가 오래 유지되도록 진공 포장한 것이다. 소비자는 캡슐을 커피 머신에 넣고 단추만 누르면 아주 손쉽게 진하고 맛있는 에스프레소 커피를 만들어 마실 수 있다.

2007년 국내에 최초로 소개된 캡슐 커피는 2011년까지 5년 만에 1,000억 원 규모의 시장을 달성했다. 최근 들어 가정에서 커피 머신을 설치하고 커피를 마시는 홈 카페(Home Café)

가 확산되고 있는데, 네스프레소는 이러한 홈 카페 붐을 이용하여 매출이 급증하고 있는 것이다.

국내 시장의 경우 2007년 네슬레가 네스프레소를, 2010년 돌체구스토(Dolce Gusto)를 선보인 뒤 튼튼한 대중적 인지도를 바탕으로 시장을 장악하고 있다. 네스프레소는 고급스러운 이미지를, 돌체구스토는 저렴한 가격을 추구하여 두 가지 종류의 캡슐 커피 브랜드를 통해 여러 소비자를 포용할 수 있었다. 동서식품도 경쟁자에 대항하기 위해 2012년 맥심 그랑누아 캡슐 커피를 출시했는데, 캡슐 커피 머신은 독일의 BSH(보쉬 지멘스 가정용품기구 그룹)과 제휴하여 공급하고 있다. 우수한 품질과 다양한 맛, 편의성과 한 잔에 1,000원 내외라는 경제성 등 종합적인 측면에서 캡슐 커피는 집, 회사 등지에서 고급 커피를 즐기고자 하는 소비자들에게 가장 매력 있는 제품이다.

캡슐 커피 시장은 업체마다 다른 캡슐 커피 머신과 커피 캡슐을 사용한다는 점에서 다양한 특성이 있다. 캡슐 커피 머신의 가격은 최소 10~20만 원대에서 고가의 업소용까지 다양하다. 가격이 부담스럽기 때문에 소비자의 구매 저하 요인이 되지만 기업에는 매력적인 수입원이 될 수 있다. 그리고 다른 업체의 캡슐 커피 머신 및 커피 캡슐 간에 호환되지 않기 때문에 한 번 캡슐 커피 머신을 구매한 소비자로부터 어느 정도 안정적인 커피 캡슐 소비를 예측할 수 있다. 그리고 캡슐 커피 머신을 생산하는 회사와 커피 전문점이 계약하여 그 회사 머신의 커피 캡슐만을 생산하는 경우도 증가하고 있는데, 외국에서는 이미 스타벅스와 커피빈, 던킨도너츠 등 여러 회사가 자사의 커피를 커피 캡슐로 출시했다.

건강에 좋은 프림

웰빙 바람은 커피 업계에도 몰아닥치고 있다. 예전부터 커피 자체가 신체에 유해한지 아닌지에 대한 논란이 많았다. 그리고 몇 년 전부터 카푸치노, 모카, 하물며 라떼도 칼로리가 많다는 결과가 나오기도 했다. 이런 말이 나온 이후 커피전문점에서는 고객들이 설탕이나 프림 같은 첨가물이 전혀 없는 아메리카노를 주문하는 비중이 늘었다. 또 커피믹스에 들어가는 첨가물의 종류가 무엇이냐를 가지고 논란이 일고 있다.

2010년 12월 출시된 남양유업의 '프렌치카페 카페믹스'가 1조 1,000억 원 규모의 커피믹스 시장에서 돌풍을 일으키고 있다. '프렌치카페 카페믹스'는 커피 프림에 들어갔던 합성첨가물 '카제인나트륨' 대신 무지방 우유를 넣은 웰빙형 커피믹스이다. 대대적인 TV광고 이후 '프렌치카페 카페믹스'는 출시 100일 만에 100억 원이나 팔렸다. 남양유업은 당초 2011년 시장점유율을 6%로 잡았는데 최근에 20%로 상향 조정했다. 2012년 목표는 한국네슬레의 17%를 잡고 커피믹스 시장 2위를 차지하는 것이다.

하지만 가만히 있을 동서식품이 아니다. 동서식품은 첨가물 성분인 카제인나트륨 이슈로 남양유업과 큰 마찰을 겪은 후 카제인나트륨을 카제인으로 교체하고, 무지방 우유를 넣은 맥심

화이트골드를 2012년 출시하였다. 김연아를 광고 모델로 하여 대대적인 광고를 하고 있는데 이 '연아 커피'가 앞으로 어떤 매출을 보일 지 귀추가 주목되고 있다.

사실 커피에서는 물도 중요하다. 그동안은 커피에 어떤 물을 썼느냐가 중요하지 않았으나 앞으로는 어떤 물을 썼느냐가 논란 이슈가 될 거라고 생각한다. 그래서 앞으로 커피를 주문할 때는 "아메리카노 중간 크기에 생수는 OO 브랜드로 해주세요."라고 말하는 날이 오지 않을까?

세상에서 가장 비싼 커피, 코피루왁

커피에도 럭셔리가 있다. 코피루왁(Kopi Luwak)이라는 커피다. 이 커피는 인도네시아 섬에서 야생하는 사향고양이가 커피 생두를 먹은 후 제대로 소화하지 못하고 배설한 것을 주워 만든 커피다. 독특한 향이 나는 점과 희소성, 그리고 브랜드 스토리가 얽혀 전 세계적으로 가장 비싼 커피로 대접받고 있다. 또한 영화 「버킷 리스트」와 일본의 독립 영화 「카모메 식당」 등에 나와 더욱 많은 사람이 알게 되었다. 흥미로운 사실은 코피루왁의 짝퉁이 나왔다는 사실이다. 우리 안에 든 원숭이에게 커피 생두를 먹인 후 배설물로 나온 것으로 만든 것인데 대량생산이 되므로 가격이 낮아졌다. 값비싼 럭셔리에는 항상 저렴한 짝퉁이 나오는데 이는 커피에도 예외가 아니다.

커피 업계의 유쾌한 마케팅

유쾌한 마케팅은 흥미로운 스토리텔링이나 매장 디자인, 분위기, 격조 높은 아트, 멋진 체험을 통해 소비자의 감성을 즐겁게 하여 기업이나 상품의 브랜드 이미지를 좋게 하고 매출을 자연스럽게 올리는 것을 말한다. 커피 업계에서는 유쾌한 마케팅이 어떻게 전개되고 있을까?

스토리텔링 마케팅

어떤 상품을 사람들에게 알리는 방법은 매우 다양하다. 그중에 영화는 매우 효과적이다. 일단 영화에 어떤 상품이 등장하면 이 영화를 보러 영화관에 오는 사람, 집의 케이블TV에서 영화를 보는 사람, 비행기 내에서 영화를 보는 사람, LD로 영화를 보는 사람, 심지어는 인터넷을 통해 영화를 보는 사람 등 매우 다양한 채널을 이용하여 사람들은 그 영화에 등장하는 상품에 대해 알게 된다. 특히 그 상품이 영화의 한 장면에 잠깐 등장하는 것이 아니라 자주 등장하고 등장인물, 특히 주인공이 그 상품을 좋아해 등장인물의 대사에 자주 나오면 홍보 효과는 더욱 커진다. 다음 문단에서 그 예를 한번 살펴보자.

영화 「버킷 리스트」

코피루왁은 「버킷 리스트」라는 영화를 통해 사람들에게 많이 알려졌다. 롭 레이너(Rob Reiner)가 감독한 이 영화에는 성격

파 배우 잭 니콜슨(Jack Nicholson)과 흑인 명배우 모건 프리먼 (Morgan Freeman)이 나온다. 영화에서 이 두 사람은 폐암 말기 환자로 한 병원에서 같은 병실을 사용하게 된다.

생활이 그리 넉넉지 않은 모건 프리먼보다 잭 니콜슨은 대단한 부자였기 때문에 같은 병실 안에서도 두 사람의 생각이나 행동에는 차이가 컸다. 예를 들면 잭 니콜슨은 코피루왁 커피를 매우 좋아하여 아예 병실 안에 커피 머신을 가지고 와서 커피를 계속 마시곤 했다. 잭 니콜슨은 법정에서 피고로 나와서도 피고석에서 코피루왁을 마실 정도로 코피루왁 광이다. 잭 니콜슨과 모건 프리먼은 코피루왁이 어떤 과정을 거쳐 만들어지고, 얼마나 비싼지를 대사를 통해 말하기도 한다. 이를 통해 영화를 보는 관객들은 코피루왁에 대해 더 관심을 가지는 효과를 볼 수 있다.

영화 「카모메 식당」

일본의 독립 영화 중 「카모메 식당」이라는 영화에도 코피루왁이 등장한다. 여기서는 코피루왁을 만드는 방법이 나온다. 오기가미 나오코(gigami Naoko)가 감독한 영화이다.

일본 여성 사치에(고바야시 사토미)는 핀란드의 수도 헬싱키에서 일본의 주먹밥을 주메뉴로 삼고 있는 '카모메 식당'을 연다. 헬싱키는 바닷가에 있어 갈매기가 눈에 많이 띄는데 '갈매기'를 핀란드 어로 '카모메(kamome)'라고 한다. 하지만 손님은 한 달 동안 한 명도 없다. 개점휴업 상황이다. 그러다 핀란드에 온 일본 여성 미도리(카타기리 하이리)와 마사코(모타이 마사코)를 만나 같이 식당 일에 합류하게 되면서 가게는 성황을 이루게 된다. 처음 한 달 동안 식당에 손님이 하나도 없는데 영화 끝에서는 핀란드 손님으로 꽉 차게 된 것이다.

이 영화를 보다 보면 이 식당의 전 주인이 가게로 찾아와 코피루왁 커피를 내려주는 모습이 나온다. 핸드 드립 방식으로 커피를 내리기 때문에 사치에게 주문도 외우도록 한다. 물론 코피루왁의 특성에 대해서 대사 형태로 설명도 해 준다.

아트 마케팅

고흐는 카페 그리기를 즐겼다. 프랑스 아를의 라마르틴 광장에 있는 노란 집(Yellow House)의 1층 밤의 카페(Le Café la nuit)의 외부를 '밤의 카페 테라스' 그림에서, 카페 내부를 '밤의 카페' 그림에서 묘사했는데, 이 그림들의 영향인지 현재 고흐가 되어 버린 아를에는 카페가 많이 있다. 그런데 이 광장 주위에 있는 카페 중 어떤 카페에 사람들이 가장 북적거릴까? 이제는 '반 고흐 카페(Café Van Gogh)'로 이름이 바뀐 카페보다 고흐가 그림을 그렸던 곳에 있는 카페에 사람들이 가장 북적거린다고 한다. 이 카페에 앉아 커피를 마시며 고흐의 그림을 마음껏 느끼기 위해서다. 이외에도 고흐는 '카페 뒤 탕부랭의 테이블에 앉아 있는 여인'이라는 그림도 그렸다.

고흐는 드로잉도 많이 그렸다. '커피를 마시는 노신사'라는 드로잉을 연필과 크레용으로 멋지게 그리기도 했다. 그림 속 높은 모자를 쓴 노신사는 한 손에는 커피 접시를 들고 있고, 다른 손에는 커피잔 손잡이가 아니라 잔 바닥을 움켜쥐고 있다. 고흐는 '커피 주전자가 있는 정물'도 드로잉으로 그렸다.

네덜란드 암스테르담에는 '반 고흐 미술관'이 있다. 고흐의 동생 테오와 그 부인, 그들의 아들 빈센트가 소장하던 고흐의 그림 700점(유화 200여 점, 드로잉 500여 점)을 기증받아 1973년 개관한 미술관이다. 1999년 일본의 건축가 기쇼 구로가와(Kisho Kurogawa)가 디자인한 이 미술관의 카페를 선전하는 광고가 특이하다. 이 광고에는 커피잔이 하나 놓여 있는데 잔의 손잡이가 끊어져 있다. 아를에서 고흐는 고갱과 60일간 같이 생활했는데, 성격 차이가 너무 심한 두 사람의 관계가 악화하여 고갱이 파리로 떠나버리자 좌절한 고흐가 자신의 귀를 칼로 잘라버렸던 것이다. 그리고 귀에 붕대를 감은 고흐는 두 점의 그림을 그렸다. 고흐의 이러한 자해 행위를 많은 사람이 알고 있기 때문에 반 고흐 미술관은 손잡이가 끊어진 커피잔을 미술관의 상징물로 내세운 것이다. 사람들에게 강력한 각인을 남기는 탁월한 광고였다.

매장 디자인

요즘 카페에 가면 마일리지 카드가 있어 커피를 마시는 개수에 비례하여 도장을 찍어주는 서비스가 보편화 되어있다. 보통 도장 10개가 되면 커피 한 잔이 무료로 제공된다. 그 카드는 보통 매장 내 한 게시판 공간에 압정을 눌러 보관된다. 그런데

신규 개장한 카페라면 고객이 적어서 게시판에서 자신의 카드를 쉽게 식별할 수 있지만

'가나다라 순'으로 자신의 카드를 꽂을 수 있도록 디자인된 홍대 어느 카페의 마일리지 카드걸이

고객이 점차 늘면 자신의 카드를 찾기가 쉽지 않다. 그래서 서울 홍익대학교 부근의 한 카페에서는 이런 불편을 없애고자 가나다라 순으로 자신의 카드를 꽂을 수 있도록 했다. 더구나 자신의 이름이 영어인 경우에 대비하여 영어 알파벳으로도 구분해 놓았다. 손님에 대한 센스 있는 배려가 아닐 수 없다.

매장 내 흡연실

최근 들어 흡연자들에 대한 규제가 심해지면서 흡연자의 입지가 점점 좁아지고 있다. 그래서 더 많은 카페들이 이들에게 카페 매장 내·외에 별도의 흡연 공간을 제공하고 있다. 그런데 문제는 매장 내부의 경우, 흡연실의 공기 청정이 제대로 이루어지지 않아 일반 매장으로 담배 연기가 흘러나오고 있다는 점이다. 일부 흡연실은 창문이 없는 발코니에 있어 담배 연기가 외부로 그냥 나가는 경우도 있다. 이런 경우에는 고객에게 유쾌가 아니라 불쾌한 마케팅을 하고 있는 셈이다. 프랑스에서는 흡연자를 위해 야외 카페에서 담배를 피울 수 있도록 허용하여 겨울에는 이들을 위해 난로를 설치했다. 그런데 환경운동가들이 난로는 이산화탄소를 발생시킨다며 반대하고 있다.

커피 업계의 흔쾌한 마케팅

흔쾌한 마케팅은 기업을 운영할 때 관계를 맺게 되는 많은 이해관계자, 즉 협력업체, 지역주민, NGO(비정부기구), 지자체, 정부 등과 공익적 차원에서 좋은 관계를 유지하는 것이다. 커피 업계에서는 흔쾌한 마케팅이 어떻게 전개되고 있을까?

공정무역 커피

세계에는 최고부자 계급인 슈퍼클래스(super class)를 포함한 많은 부자가 있지만 가난한 사람들은 이보다 훨씬 더 많다. 제3세계 후진국에서는 무려 10억 명의 농민들이 매일 1달러 이하의 생활비로 근근이 살아가고 있다. 이들은 땀 흘려 농작물을 재배하지만, 막강한 구매력을 앞세운 선진국의 제조 기업과 유통 기업들의 압력에 못 이겨 정당한 가격이 아닌 헐값에 농작물을 넘기곤 한다. 그 때문에 그들은 팔면 팔수록 가난해진다. 이처럼 선진국 수요자와 후진국 공급자 사이에는 불공정한 무역은 현재까지도 공공연히 일어나고 있으며, 이로 인해 제3세계 후진국 생산자들은 빈곤의 굴레에서 헤어나지 못하고 있다. 전 세계에 걸친 구조적인 현상이다.

중진국과 선진국 사람들은 가난한 제3세계 사람들을 도와주기 위해 구호물품을 무상 제공하거나 현금 원조를 해주고 있다. 하지만 구호물품과 원조는 그 효과가 일시적일 뿐, 지속적인 문제 해결 방법은 아니다. 더구나 부패한 정부나 군인들에 의해 중간에서 갈취를 당하는 경우도 많다. "그들을 위한 보다 근본적인 원조 방법은 없을까? 그들이 만들어내는 생산품을 착취하지 않고 공정한 가격을 지불해 그들의 자존심도 살리며 경제적으로도 도움을 주는 좋은 방법은 없을까?" 공정무역운동은 바로 이런 고민에서 시작되었다.

공정무역(Fair trade)이란 '생산자에게 생산원가와 생계비를 보장할 수 있도록 공정한 가격을 지불하는 무역'을 의미한다. 보다 쉽게 말하면 경제발전 수준이 낮고 생활 수준이 빈곤한 제3세계에서 생산된 농산물이나 원재료를 수입할 때 정당한 제값을 지불하고 구입하자는 것이다. 그 대신 중간 상인을 배제하기 때문에 유통 마진이 크게 줄어 구매자로서는 원가가 늘어나지 않고 오히려 줄일 수도 있다.

공정무역은 시장에서 수요와 공급 법칙에 따라 냉정하게 거래를 하는 무역, 즉 프리 트레이드(Free trade)와는 상당히 다르다. 자유무역은 잘못하면 상대방을 착취하는 수단으로 전락하는 부작용이 있다. 자유무역의 이런 폐해를 막기 위한 대안 무역이 바로 공정무역이다.

영국의 국제구호기구인 옥스팜(Oxfam)은 1960년대 초부터 제3세계 생산자들의 공예품을 공정무역으로 수입하기 시작했다. 이어 다른 유럽 국가에서도 하나둘씩 소규모로 공정무역을 시행하기 시작했다. 1980년대 초반 네덜란드의 프란스 판 데어 호프(Frans Van Der Hoff) 신부는 멕시코 농가의 빈곤을 돕다가 "우리는 거지가 아니다. 우리는 원조가 필요한 것이 아니다.

소비자들이 우리 커피에 정당한 대가를 지불한다면 삶은 나아질 것이다."라는 농민의 말에 공감하면서 멕시코 농가들과 손을 잡고 UCIRI라는 커피협동조합을 설립하였다.

1980년대에 네덜란드의 막스 하벨라르(Max Havelaar) 재단은 공정무역 제품에 커피를 비롯하여 바나나, 꽃 같은 다른 농산물에도 막스 하벨라르 인증라벨을 부착하기 시작했다. 막스 하벨라르는 공정무역을 전문적으로 지원하는 조직으로 발전하였고, 제조업체와 유통업체들과 연계하여 대규모의 공정무역 운동을 펼쳤다.

유럽 선진국을 중심으로 전개되었던 공정무역을 세계적인 사회운동으로 발전시키기 위해 1997년 FLO 인터내셔널 (Fairtrade Labelling Organizations International: 국제공정무역상표기구)라는 세계적인 공정무역 인증 기구가 설립되었다. 그전까지만 하더라도 공정무역라벨이 서로 달라 소비자들의 눈에 적게 띄었는데 이 조직의 설립으로 통일된 라벨, 즉 FLO가 만들어졌다. 그래서 공정무역 붐은 더욱 널리 확산하였다.

국내·외 우리 주위를 둘러보면 여기저기 공정무역라벨이 눈에 띄고 있다. 영국의 막스 앤 스펜서(Marks & Spencer) 유통매장이나 미국의 홀 푸드 마켓(Whole Foods Market), 트레이더 조스 (Trader Joe's) 매장에 가면 공정무역 라벨이 붙어진 상품들을 많이 발견할 수 있다. 우리나라 카페데베르 커피숍에서는 공정무역 커피와 초콜릿을 볼 수 있고, 한국공정무역 연합의 공정무역가게인 울림(http://www.fairtradekorea.com)에 가면 초콜릿, 커피,

시리얼바는 물론이고 공정무역 축구공도 있다. 아름다운 가게는 네팔 동부에 있는 굴미(Gulmi) 지역에서 유기농 방식으로 생산되는 커피 생두를 이 지역 생산자협동조합으로부터 구매하여 '히말라야의 선물'이라는 브랜드로 우리나라에서 판매되고 있다. 필자는 2012년 1월 네팔 서부의 안나푸르나 지역을 트레킹 했는데 이 지역에서는 커피를 재배하지 않아 공정무역 현장을 볼 수 없어 못내 아쉬웠다.

커피 생두는 에디오피아, 케냐, 탄자니아 같은 동부 아프리카를 비롯하여 중남미, 인도네시아에서 많이 생산되고 있다. 그런데 이들 지역의 커피 생산 농가들은 원두가격의 하락이나 비공정무역으로 그들의 수입이 너무 줄어들어 생계를 유지할 수 없게 되면 어떤 자구책을 마련할까? 이들은 수입이 안 되는 커피 생산보다는 돈을 더 받을 수 있는 마약 같은 환금성 농작물 생산으로 바꾼다. 물론 이 마약은 우리나라를 비롯하여 선진국으로 들어와 우리의 영혼과 사회를 갉아먹는다. 이는 우리가 공정무역 커피를 사야 하는 또 다른 이유가 된다.

그동안 공정무역 상품은 다른 좋은 상품에 비해 품질이 좀 떨어진다거나 가격이 생각보다 싸지 않고, 우리 주위에서 쉽게 상품을 살 수 있는 곳이 없어서 많이 보급되지 않았다. 다행히 최근 들어 공정무역 상품의 품질이 크게 개선되고 있다.

경제와 사회, 환경을 모두 감안하여 소비 품목을 결정하는 사람을 로하스(LOHAS: Lifestyles Of Health And Sustainability) 소비자라고 부른다. 로하스 소비자는 단지 값이 싸다고, 단지 품질이 좋다고 구매하지 않는다. 사회적 의식이 있는 소비자이기 때문에 소비를 통해 생산자들에게 구원의 손길을 뻗치는 이타적인 소비자인 것이다.

이타심은 고차원의 이기심이다. 이타심이 사회 전체를 안정시키고 이로 인해 자신의 경제적, 사회적 안정이 이루어지기 때문이다. 공정무역 상품을 구매하는 행위는 고차원의 이기적 소비자들이 선택하는 행위다.

커피 업계의 상쾌한 마케팅

상쾌한 마케팅은 상품 생산 과정 및 유통 과정, 폐기 과정 등 모든 과정에서 친환경적인 활동을 통해 소비자에게 친환경 기업 이미지를 전달하는 것이다. 기업이 아무리 이윤 창출 활동을 아무리 열심히 하려고 해도 사회의 다양한 이해관계자와 좋은 관계를 유지하지 못하고 환경을 훼손하고서는 경영을 지속할 수 없다. 커피 업계에서는 상쾌한 마케팅이 어떻게 전개되고 있을까?

종이컵 재활용

스타벅스는 미국 1만 1천여 개의 매장에서 연간 30억 개의 일회용 컵을 배출한다. 뜨거운 커피용 종이컵이 20억 개, 찬 음료용 플라스틱 컵이 10억 개이다. 그러나 미국 매장 중 시애틀과 샌프란시스코처럼 법으로 의무화된 지역만 재활용 체계를 갖췄을 뿐, 나머지 지역의 95% 매장에서는 컵의 재활용 비율이 매우 낮다.

스타벅스는 슬리브가 등장한 1997년 이전에는 종이컵 2개를 겹쳐서 커피를 담았고, 2006년에 재생지가 10%쯤 섞인 종이컵을 만들기 시작했고, 2008년부터는 플라스틱 컵에 폴리에틸렌 대신 온실가스 배출이 적은 폴리프로필렌을 사용했다.

스타벅스가 어려움을 겪던 2008년 10월, 슐츠 회장은 스타벅스 컵을 100% 재활용하도록 하겠다고 선언했다. 그 당시 미국의 대다수 재활용 업체는 종이컵을 받지 않았는데, 소량의 플라스틱이나 왁스로 방수처리가 되어 있었기 때문에 다른 종이와 함께 가공하기 어려웠기 때문이다. 게다가 고객의 80%는 테이크아웃을 하였다.

스타벅스는 일단 매장에 버려지는 컵부터 해결하고자 2009년 11월 시애틀 본사에서 '종이컵 정상회담(Cup Summit)' 첫 개최했다. 재활용과 관련된 업체 대표, 대학교수, 시민단체 관계자 30명이 참석했다. 웨스턴미시간 대학의 조엘 켄드릭 교수가 스타벅스 종이컵을 일반 판지와 함께 재활용하는 방법과 실험 결과를 제시한 바 있다. 스타벅스는 2010년 9월 뉴욕에서 9주짜리 종이컵 재활용 실험을 했지만 큰 성공을 거두지 못해 다른 도시로 확산되지는 못했다.

2010년 5월 '베타컵 콘테스트'라는 친환경 컵 디자인 공모전을 개최해 2만 달러의 상금을 걸었다. 기상천외한 커피 컵들이 출품되었는데, 그중에는 야자수 잎 같은 천연 재료를 가공

해 만드는 컵, 다
마신 뒤 주머니에
쏙 넣고 다니게 접
히는 컵, 아예 다
먹어버리도록 과자
로 만드는 컵 등이
다. 그러나 뜻밖에
1위는 디자인이 아
니라 손님들이 스
스로 종이컵을 안

친환경 컵 디자인 공모전 '베타컵 콘테스트' 1위.

쓰게 유도하는 간단한 아이디어였다. 매장 카운터 옆에 작은
칠판을 놓고 머그잔이나 개인 텀블러를 사용하는 손님이 올 때
마다 기록한다. 이렇게 종이컵을 안 쓰는 10번째 손님마다 커
피를 공짜로 준다. 내가 종이컵을 안 쓰면 누군가 공짜 커피를
마시고, 그래서 종이컵 안 쓰는 사람이 늘면 나도 공짜 커피를
마실 가능성이 높아지니까 종이컵 사용이 줄어들 거라는 원리
이다. 최선의 재활용은 안 쓰는 것이란 이 아이디어는 스타벅
스 시애틀 매장에서 실험되었다.

슬리브(sleeve)

최근 온도를 차단하기 위해 종이컵에 끼우는 슬리브(Sleeve)
의 소비량이 상당히 많다. 1회 사용 후 버려지는 종이 슬리브
는 매월 9.1톤의 이산화탄소를 배출하는 환경오염의 주범이다.

커피전문점에서 매일 하루에 1잔씩만 마신다고 가정해도 한 사람당 1년에 365개의 종이 슬리브를 낭비하고 있다. 일회용 종이컵을 줄일 수 없다면 뜨거운 커피를 마실 때 끼우는 슬리브만 사용하지 않아도 환경에 크게 기여할 수 있다.

국내 커피전문점 '할리스 커피(Hollys Coffee)'에서는 한번 쓰고 버리는 종이 슬리브 대신 단열 재질의 천으로 만들어 재사용이 가능한 '에코 슬리브'를 사용하자는 친환경 캠페인을 진행한 바 있다. 할리스 커피의 추정에 의하면 자사의 250개 매장에서 종이 슬리브 사용을 지양한다면 월평균 83그루, 연간 996그루의 나무를 심는 효과가 있는 것으로 나타났다.

환경에 관한 관심이 커지면서 영구적으로 사용할 수 있는 슬리브도 판매되고 있다. 지퍼가 달린 주머니가 있어 현금과 카드 등을 간단히 챙겨 나갈 때 유용하게 사용할 수 있고, 평소에는 팔목에 두르고 다닐 수 있도록 탄력적인 소재로 만들어졌다. 그리고 개인이 직접 슬리브를 만들기도 하고, 버려진 현수막이나 낡은 소방호스 등을 재활용하여 만드는 등 에코 슬리브에 대한 관심과 실천은 계속되고 있다.

여러 종류의 슬리브(sleeve).

맥도날드의 맥카페에서는 일회용 커피 컵을 두 겹으로 만들어 그 사이에 공기가 들어가게 하고 있다. 일종의 이중창인데, 별도의 슬리브가 없어도 열 차단 효과가 있었다.

커피 업계의 경쾌한 마케팅

경쾌한 마케팅은 매장, 콜센터, SNS 등 다양한 매체를 통해 고객과 끊임없이, 그리고 바로 커뮤니케이션을 하여 고객 불만을 해결하고 상품에 대한 아이디어를 얻는 것을 말한다. 사람들이 관심을 가질 만한 사회 이슈를 만들어 경각심을 일으키고 발 빠르게 입소문을 내게 하는 것도 중요하다.

이슈 마케팅

마케팅에서 매우 중요한 것은 '화제가치(talk value)'다. 좋은 의미이든 나쁜 의미이든 사람들의 대화 속에 화젯거리로 어떤 브랜드가 올라온다는 것은 그 브랜드가 사람들에게 관심이 있다는 간접증거다. 신문이나 포털을 보면 커피의 유해성에 대한 기사가 계속 나오는데, 이를 본 사람들은 오히려 커피가 생각나서 마시고 싶다는 생각이 드는 효과를 볼 수 있다.

잘 알려졌듯이, 커피에는 장단점이 있다. 커피의 순기능은 몸에 쌓인 피로를 풀어주고 정신을 맑게 해주며 소변을 자주 보게 하여 몸 속 노폐물을 빨리 배출시킨다. 반면 커피를 많이 마시면 불안, 메스꺼움, 속 쓰림, 수면 장애, 가슴 두근거리나 소변을 통해 칼슘 같은 무기질이 배출되어 칼슘이 부족해지는 부작용이 발생하기도 한다.

미국 식품의약품안전청(FDA)은 건강한 성인이라면 400mg의 카페인은 문제가 되지 않는다고 발표했다. 1958년 FDA(Food and Drug Administration, 미국 식품의약국)의 발표에 의하면 카페인은 '안전한 물질(GRAS: Generally recognized as safe)'로 분류되고 있다. 그리고 1980년대 발표로는 일반적인 카페인 섭취량으로는 유방암이나 기형아 출산, 췌장암 등을 일으킬 위험은 없다고 했다.

캐나다는 일반 성인의 하루 카페인 섭취량 한도를 400~450mg으로 잡았으며 임산부는 300mg, 12세까지의 어린이는 체중 1kg당 2.5mg 이하를 권장하고 있다. 하지만 유럽연합(EU)에서는 권장량에 대한 특별한 규정을 정하지 않고 있다.

다른 것은 몰라도 커피가 기억력 증진에 도움이 되는 것은 분명한 것 같다. 프랑스 국립 의학연구소 카렌 리치(Karen Ritchie) 박사가 65세 이상 성인 남녀 7,000명을 대상으로 4년 동안 연구를 했는데 커피를 하루 세 잔 이상 마신 그룹은 한 잔 정도 마신 그룹에 비해 기억력 저하 정도가 45% 이상 낮았다. 그리고 캐나다 오타와대 연구팀이 1991~1995년 4개 도시 6,000여 명을 조사한 연구에서도 비슷한 결과가 나왔다. 카페인을 꾸준히 섭취한 그룹이 그렇지 않은 그룹보다 기억력 테스트에서 평균 31% 가량 높은 점수를 받은 것이다. 커피가 우리의 중추신경을 흥분시켜 뇌의 망상체(의식조절장치)에 작용해 기억력을 높여주기 때문이다. 그래서 커피가 치매 예방에 도움이 된다는 발표도 있다.

2007년 우리나라 식품의약품안전청이 하루에 카페인을 얼마나 섭취해도 좋을지에 대한 기준량을 제시했다. 성인은 400mg까지 카페인을 마셔도 괜찮다고 하는데, 12그램의 커피믹스에는 69mg의 카페인이 함유되어 있으므로 커피믹스 5봉지(?)까지는 괜찮다. 하지만 카페인은 콜라, 초콜릿, 녹차, 약에도 함유되어 있으므로 자칫하면 권장량을 초과할 수 있다.

외국계 한 커피전문점이 공개한 자료에 의하면 커피만 들어가 있는 블랙커피(아메리카노)는 열량이 7kcal에 불과하지만 카푸치노는 77kcal, 카페라떼는 132kcal, 카페모카는 246kcal이다. 따라서 커피를 마실 때 열량을 적게 취하려면 블랙커피를 마셔야 한다. 실제로 최근 몇 년간 커피전문점에서 커피만 들어가 있는 아메리카노의 매출 비중이 꽤 상승했는데, 웰빙과 다이어트에 민감한 소비자들이 늘었기 때문이다.

이처럼 커피의 유해성 논란은 계속되고 있다. 이러한 이슈가 매체에서 계속 거론되고 있는데, 이런 뉴스는 평소에 사람들에게 커피를 계속 생각나게 하고 있으므로 커피 업계에서는 이런 과학적 사실에 대한 뉴스를 반기고 있다.

SNS 마케팅

커피 업계에서 SNS 마케팅의 성공 사례로 스타벅스를 꼽을 수 있다. 한때 스타벅스가 어려운 상황에 부닥쳐있을 때 SNS를 통해 그 해결방안을 꾀한 것이다. 소셜미디어 팀을 꾸려 11개의 채널을 통해 SNS 마케팅을 펼쳤는데, 페이스북과 트위터를 주로 이용하였다. 각각의 채널들은 저마다의 특징을 가지고 있는데, 이에 주목하여 서로 다른 전략으로 접근하고 목적에 맞게 마케팅을 실행한 것이다.

페이스북은 팬과 소통하는 장으로 이용했는데, 2008년 20만 명의 팬을 확보한 개인의 페이스북 페이지를 인수, 스타벅스 공식 페이지로 만들었다. 단순히 뉴스를 전달하는 것뿐 아니라 팬들끼리 대화의 기회를 주어 고객들 간의 교감과 풍부한 콘텐츠 공급으로 수많은 팬을 확보할 수 있었다(2011년 기준 2,182만 명). 트위터는 140자 단문이라는 특성을 이용, 소비자와 커뮤니케이션을 할 수 있는 수단으로 사용하여 주로 매장에서 일어나는 소소한 이야기들과 질문과 답변을 시시각각으로 전해주고 더불어 뉴스와 콘텐츠도 함께 제공하고 있다.

애플리케이션 마케팅

카페베네는 애플리케이션을 통하여 매장 찾기 서비스, 멤버십 포인트 조회, 메뉴 등의 콘텐츠로 고객들에게 편의를 제공하고 있다. 이뿐 아니라 다음커뮤니케이션의 '다음 플레이스'를 이용한 이벤트도 진행하였는데 카페베네 매장에서 이 애플리케이션에 체크인하면 아메리카노를 무료로 받는다.

또한 할리스 커피에서도 위치기반 소셜 마케팅을 진행하였다. SNS기업 씨온과 손을 잡고 진행한 이 이벤트에서는 매장의 위치에 근접해야 체크가 가능한 '씨온' 횟수를 기준으로 '캡틴'

이 된 사용자는 무료 와플을 받을 수 있다.

프로슈머 마케팅

커피 회사가 의도하지는 않았지만 자신의 커피를 좋아하는 마니아가 자발적으로 홍보해준다면 매우 좋을 것이다. 소비자가 한 브랜드에 대한 콘텐츠를 직접 만들어 자신의 웹사이트에 계속 올리고 기업의 도움 없이 영화도 만들고 여러 나라에 가서 자발적으로 홍보대사 활동을 하면 기업 입장에서 얼마나 좋을까? 실제로 그런 사람이 있다.

미국의 컴퓨터 프로그래머 출신인 라파엘 안토니오 로자노 (Rafael Antonio Lozano), 일명 윈터(Winter)씨는 1997년 전 세계에 있는 모든 스타벅스 매장을 방문하는 도전을 시작하였다. 그가 이 프로젝트를 시작한 1997년에는 스타벅스 매장이 1,500개 정도밖에 없었는데 현재는 50여 개국 1만 7천여 개로 늘어났다. 그도 지금까지 14년 이상 세계를 떠돌게 될 줄은 꿈에도 몰랐을 것이다.

한편 이 프로젝트는 「스타버킹(Starbucking)」이라는 제목으로 2006년 다큐멘터리로도 제작된 바 있다. 미국 네브래스카 (Nebraska) 주의 오마하(Omaha)에서 변호사로 활동하고 있는 빌 탠지맨(Bill Tangeman)이 로자노의 스타벅스 매장 방문 도전에 흥미를 느껴 그의 여행기를 영화로 만드는 일에 투자한 것이다. 스타버킹 프로젝트의 규칙은 각 매장에서 최소한 샘플 잔에 든 커피를 마시고 사진을 찍어야 한다는 것이다. 그는 프로젝트 내용을 'Starbucks Everywhere (www.starbuckseverywhere.net)'라는 자신의 홈페이지에 올리고 있다. 그는 전 세계 스타벅스 매장을 돌아다니면서 스타벅스 카드도 모으고 있다.

그는 왜 이런 도전을 하게 된 것일까? 14년간 시간과 돈을 낭비하면서 아무 의미도 없어 보이는 일에 말이다. 일반 사람들의 예상과는 달리 그는 스타벅스의 지원을 받지 않고 전 세계 스타벅스 매장을 방문하고 있다. 그는 세상에서 아무도 하지 않는 독특하고 독창적인 것을 하는 것이 좋다고 말한다.

그는 현재 미국과 캐나다에 있는 8,581개의 매장과 한국을 비롯해 영국, 일본, 프랑스, 스페인, 멕시코, 홍콩, 타이완, 푸에르토리코, 아일랜드, 스위스, 독일, 오스트리아, 그리스, 요르단, 레바논, 터키, 체코, 포르투갈, 칠레, 바하마, 뉴질랜드, 오스트레일리아, 싱가포르, 말레이시아, 타일랜드, 아랍에미리트, 이집트의 2,064개 매장을 포함하여 총 10,645개의 매장을 방문했다.

커피 업계의 완쾌 마케팅

완쾌 마케팅은 상품과 서비스에 대한 고객을 불만을 말끔하게 해결해주는 것을 넘어 기대 이상으로 고객 만족을 시켜줌으로써 고객 충성도를 더욱 높이는 것을 말한다.

고객의 기대를 뛰어넘는 서비스

캐나다 서부에 있는 밴쿠버의 옛 타운은 게스 타운(Gas

Town)이라 불린다. 지명으로만 보기에는 주유소(휘발유 스테이션)가 많은 지역이라고 혼동할지도 모르지만, 게스 타운은 과거 개시 잭(Gassy Jack)이라는 사람이 이 지역을 번창하게 하였다고 하여 그런 이름이 지어졌다. 게시(Gassy)란 수다쟁이, 허풍쟁이란 말이고 잭(Jack)이란 존 데이튼(John Deighton)이란 실존 인물 존(John)을 일컫는 말로 우리나라 말로 표현하면 '수다쟁이 잭'이란 말이다. 원래 광부와 선장 출신인 잭은 이 지역에서 여관과 술집을 운영했는데 말을 잘하고 유머가 넘쳐 그 주위에 사람들이 끊이지 않았다. 그래서 이 지역은 게시(Gassy Town)이라고 불리게 되었고, 약자로 게스 타운(Gastown)이 되었다.

게스 타운의 중심지에는 존 데이튼의 동상이 서 있고, 15분마다 연기를 뿜으며 소리를 내는 증기 시계(Steam Clock)가 있다. 증기로 움직이는 시계로 스팀이 나오는 순간을 보기 위해 많은 관광객이 몰려드는데 시계 바로 옆에 스타벅스 매장이 있어 사람들이 커피를 마시며 이 광경을 보곤 한다.

커피를 주문하면 카운터에서 받는 진동 벨이 있다. 일반적인 진동 벨은 대개 둥글고 납작한 형태나 네모난 형태로 되어있고 간혹 스틱 형태도 볼 수 있다. 그런

여러 종류의 진동 벨.

데 커피빈의 진동 벨은 눈여겨볼 만하다. 얼핏 보면 스마트폰을 연상케 하는데 동영상을 보여주어 고객이 기다리는 동안 지루하지 않을 수 있다는 점에서 참신한 대기고객 마케팅이라고 할 수 있다. 단순한 진동 벨로도 고객서비스의 질을 높일 수 있다는 것을 보여준다.

리필 서비스

커피전문점의 리필 서비스는 각각 조금씩 다른데 대부분 일정 금액을 추가로 내야 리필이 가능하다. 무료로 리필 서비스가 제공되는 경우는 거의 없는데, 있어도 일정 시간의 제약이 있다. 추가 비용을 내야 하는 경우는 대개 사이즈에 따라 차이가 있고, 뜨거운 커피보다 아이스 커피가 더 비싸다.

커피빈은 아침 세트메뉴를 판매하는 오전 8시부터 12시까지만 리필서비스가 무료인데 아침 세트메뉴를 주문한 고객에 한해 드립 커피로 리필을 해준다. 할리스 커피는 아메리카노로 리필이 가능하고 레귤러 사이즈는 1,000원, 그란데 사이즈는 1,500원을 내야 한다. 탐 앤 탐스는 아메리카노 주문 고객에게 동일 사이즈로 리필해주고 톨 사이즈는 500원, 그란데는 1,000원의 요금이 붙는다. 인천국제공항에 있는 파리크라상 베이커리는 커피 한 잔을 사면 두 번 마실 수 있다. 그런데 리필을 받으러 가면 처음에 주었던 종이컵이 아닌 머그잔에 커피를 채워 준다. 리필을 또 받으러 오는 불량고객을 퇴치하기 위해서다. 기업 관점에서는 참 좋은 전략인데, 고객 관점에서는 어떻게 비칠지 모르겠다.

존 굿맨의 법칙

기업은 고객의 불만을 잘 처리하는 것이 매우 중요하다. 고객 불만을 잘 처리하면 고객의 충성도가 높아지지만 그렇지 못하면 고객이 변심하거나 브랜드에 대한 신뢰도가 떨어질 수 있기 때문이다.

브랜드를 향한 고객의 신뢰는 작은 변화에도 민감해서 늘 세심하게 관리해야 한다. 이를 확연히 드러내 주는 것 중 하나가 고객의 재방문율이다. 마케팅 조사 회사인 TARP사의 사장 존 굿맨(John Goodman)이 발견한 '굿맨의 법칙'이 있다. 이 내용은 다음과 같다. 어떤 고객이 특정 브랜드 매장을 평소처럼 아무 문제 없이 이용하면 10% 정도의 재방문율을 보인다. 하지만 불만 사항을 말하러 온 손님에게 기업이 진지하게 대응하면 고객의 65%가 매장을 다시 방문한다는 것이다. 다시 말해, 고객이 직원의 대응에 충분히 만족했을 때 오히려 불만이 나타나지 않았던 때보다 재방문율을 높일 수 있다.

커피 가격에 대한 제안과 국내 커피 시장 전망

커피 가격 책정

요즘 전국적으로 물가 상승률이 높아지면서 각 상품의 가격에 대한 논란이 일어나고 있다. 다른 나라에 비해 우리나라의 커피 가격이 지나치게 높다는 지적이 나오고 있다. 과연 우리나라의 커피 가격은 얼마나 높을까? 커피 브랜드마다 품질과 서비스 내용이 다르므로 전 세계적으로 폭넓은 매장이 있는 스타벅스의 카페라떼 가격을 비교해 보면 우리나라 카페라떼 가격이 가장 비싸다는 것을 알 수 있다. 경제학의 유명한 법칙 중에는 '일물일가 법칙'이 있다. 같은 상품이면 지역에 상관없이 가격이 모두 같아야 한다는 것이다. 이런 가격 차이 현상을 어떻게 해석해야 할까?

우선, 간단히 설명하면 우리나라 회사가 폭리를 취하고 있다고 할 수도 있다. 그런데 우리나라의 물가, 특히 커피숍이 몰려 있는 서울의 물가는 현재 세계 어느 나라보다도 비싸므로 특히 커피가격만 높다고 말할 수는 없다. 부동산임대료, 인건비, 마케팅비가 모두 많이 들기 때문이다. 또 이러한 가격 비교는 모두 여러 나라의 환율을 통해 계산된 것이니 우리나라의 원화 가치가 기본적으로 과대평가되었다고 볼 수도 있다. 현재 환율을 보면 1달러가 1,100원 정도인데 만약 원화 가치가 1,500원으로 크게 떨어진다면 우리나라 카페라떼 가격은 훨씬 내려갈 수 있기 때문이다.

더 자세한 가격 비교를 하려면 원가구조를 밝히는 것이 필요한데 최근 신문에 이런 기사가 나온 적이 있다. 우리나라 관세청에서 2011년에 발표한 자료를 보면 우리나라가 미국에서 수입하는 커피 원두 10그램(한 잔 분량)의 가격이 123원이라는 것이다. 그런데 커피전문점에서는 첨가물이 없는 아메리카노 커피 가격이 3천~4천 원이니 커피전문점이 30배나 폭리를 취하고 있다는 기사였다. 이 기사가 과연 맞는 것일까?

우선, 관세청 발표로는 미국에서 수입하는 원두 가격이 세금 빼고 123원이라고 하는데 여기서 몇 가지를 짚고 넘어가야 한다. 123원에는 관세 가격이 빠져 있으니 커피전문점이 부담할 때는 세금만큼 가격이 오른다. 그리고 국내에서 몇 차례 유통과정을 거치면 일반 커피숍이 구입하는 가격은 123원이 아니라 더 늘어난다. 필자가 자주 가는 커피숍에 가서 원두 구매 가격을 물어보니 400원이나 되었다. 또 원두 자체의 비용은 커피전문점에서 제공하는 전체 비용의 일부에 불과하다. 커피숍에서 원두는 원자재인데 이 외에도 종이컵, 설탕 같은 부자재가 들어가고 직원을 고용해야 하니 인건비가 들어간다. 게다가 커피 머신이나 매장 가구 등 인테리어 비용이 고정비로 들어간다. 또한 임대료가 많이 들어가는데 커피전문점은 보통 목 좋은 상권의 1층에 있고 매장 면적도 넓다. 대형 전문점은 TV, 지하철 같은 여러 매체에 광고비도 지출하고 마일리지 포인트도 제공하므로 마케팅 비용이 든다. 커피전문점이 꼭 TV 광고도 해야 하는지에 대해 의문점은 있지만, 심해진 경쟁 속에서 자신을 돋보이게 하려고 광고를 하는 것이다. 그리고 프랜차이즈 커피전문점은 본사에 브랜드 로열티도 지급한다.

최근 통 큰 커피로 불리는 저가 커피숍이 하나 생겼다. 마노핀 익스프레스 커피숍은 보통 테이크아웃만 하는데 초기에 스몰 아메리카노 커피 가격은 컵 100원을 포함하여 890원이었다. 그러나 커피 원두 가격이 오르면서 이제는 990원에 판매하고 있다. 레귤러 사이즈는 1,290원에서 1,490원으로 인상되었다. 원두 자체도 품질 좋은 하와이 코나에서 일반 커피로 바뀌었다. 이 회사가 밝힌 커피 원가를 보면 원두 100원, 컵 100원, 기계장비 14원, 인건비 250원 그래서 합쳐서 464원이었다. 물론 여기에는 임대료, 인테리어 비용은 빠진 원가이다.

그런데 "3,000~4,000원 정도 되는 커피 가격이 과연 높을까?" 하고 질문해보자. 필자가 주위 사람들에게 물어보면 오히려 싸다고 말하는 사람도 꽤 있다. 이 사람들은 커피 자체도 중요하지만 공간을 더 중요시한다. 카페 공간에서 사람들은 오랫동안 공부도 하고 여러 아이디어를 떠올리며 생각을 정리하곤 한다. 또 사람들을 만나 이야기하고 비즈니스 상담을 하기도 한다. 사실 커피가 아니라 차, 주스, 생수, 콜라라도 관계없다. 이 사람들은 커피숍이라는 아늑한 공간에서 시간을 보내는 것을 훨씬 중요시한다. 따라서 4,000원이라는 커피 가격이 비싸지 않은 것이다.

커피 가격 다양화

이처럼 비싼 커피 가격에 대해 논란이 많은데 같은 커피라도 경우에 따라 가격을 달리 책정하면 어떨까?

이탈리아 밀라노의 어느 카페에서는 같은 커피라도 경우에 따라 가격이 다르다. 주문한 커피가 테이크아웃인 경우 가장 싸다. 그리고 카페 매장 내에서 마실 때는 약간 더 비쌌고, 해가 비치고 행인을 볼 수 있는 매장 밖 테라스에서 마시면 제일 비싸다. 또 외국의 어떤 카페에서는 유명한 작가가 자주 와서 마셨던 테이블에서 커피를 마시면 가격이 더 비싸다. 일종의 자릿세를 내는 것이다. 우리나라에서도 테이크아웃을 할 때 내는 커피 가격과 매장 내에서 마실 때의 커피 가격에 차등을 주면 좋겠다. 또 더 나아가 요즘 카페 내에 담배를 피우는 전용 흡연실이 많이 생기고 있는데, 흡연실을 이용하는 고객에게는 커피 가격을 더 비싸게 책정할 수도 있다고 본다.

문제는 고객의 정서와 양심이다. 고객이 테이크아웃 커피를 싸게 사고서는 자리에 앉아 무려 2시간이나 매장에 머무는 고객이 있을 수 있다. 이때 카페 주인이 그래서는 안 된다고 말했을 때 고객이 거부하고 계속 앉아 있으면 어떻게 될까? 기분 나쁘다며 블로그에 불만 글을 막 올려버리면 어떻게 될까? 그래서 카페 주인은 고객의 행동을 알면서도 내버려두게 될 것이다. 이런 이유 때문에 가격 차별화가 쉽지 않다고 불만을 털어놓는 카페 주인도 있다.

국내 커피 시장의 향후 전망

최근 우리나라에 카페가 급속하게 늘어남에 따라 커피 시장이 포화한 것 아니냐는 말들이 나오고 있다. 우선 왜 이렇게 급속하게 늘었는지 이유를 한번 들여다볼 필요가 있다.

첫째, 국내 토종 카페 브랜드들이 많이 생겼다. 기존의 외국 카페들은 보통 직영점 체제이므로 매장 수가 늘어나는 데에 한계가 있다. 그런데 토종 브랜드는 프랜차이즈 형태라 매장 수를 늘리는 것이 부담 없다. 더구나 창업을 원하는 사람들이 크게 늘어 서로 수요와 공급이 맞춰진 것이다. 또 서울의 홍대 입구나 강릉시에서 보듯이 독립 카페들도 많이 생기고 있다.

둘째, 국제적으로 커피소비량을 비교해보면 아직 커피 시장의 추가 성장이 예상된다. 한 사람당 커피소비량을 보면 우리나라 커피 시장은 포화하였다고 볼 수 없다. 2009년 자료를 보면 (단위: kg) 유럽국가인 룩셈부르크는 27.4, 핀란드는 11.9, 스웨덴은 7.4로 상당히 높은 수준이고 이탈리아는 5.8, 프랑스는 5.4, 미국은 4.1, 호주는 3.5, 일본은 3.4이다. 이에 반해 현재 우리나라는 1.9에 불과하다. 커피 시장에서 원두커피의 비중을 보더라도 일본은 40%인데 반해 우리나라는 아직 20%에 머무르고 있어 앞으로 성장 가능성이 더 있다.

셋째, 커피 수요는 향후 경제 전망과도 밀접하게 연결되어 있다. 2008년 경제위기가 발생했을 때 커피전문점 매출이 크게 떨어진 것을 보면 경기가 좋아야 원두커피 수요가 늘어난다는 것을 알 수 있다. 향후 경제 성장률이 어떻게 되느냐에 따라 커피 시장은 훨씬 커질 수도, 정체될 수도 있다.

넷째, 서울과 광역시에는 커피전문점이 많지만 중소도시에 가면 아직도 눈에 잘 띄지 않는다. 저번에 경남 김해시에 갔다가 원두커피를 마시고 싶었는데 잘 찾지 못해 고생했는데 간신히 한 군데를 발견하고 아주 반가웠다. 최근에는 지방에도 원두커피점이 많이 생겼고, 고속도로 휴게소에도 일부 진출했는데 이는 더욱 더 늘어나리라 본다.

다섯째, 만약 우리나라 커피 시장이 포화하더라고 우리나라의 커피 산업은 계속 커질 수 있다. 우선 커피 생두는 제대로 재배하지 못하더라도 이를 제조하는 것은 얼마든지 가능하다. 커피믹스, 캔 커피, 병 커피가 바로 그런 경우이다. 그리고 카페 사업 자체도 외국으로 나가 유명 브랜드를 구축할 수 있다. 물론 현재 우리나라에서 만든 인스턴트커피는 중국, 러시아, 이스라엘 등 많은 나라로 수출되어 1억 4천만 달러 수출액을 올리고 있다.

인문·지리적으로 커피 소비의 이동 추이를 보면 한 나라의 흥망성쇠를 알 수 있다는 주장이 있다. 커피 소비는 에티오피아에서 시작하여 아랍, 터키, 유럽, 미국, 일본, 한국으로 이동해 왔다. 역사적으로 강국이었을 때 커피 수요가 늘어난다는 것이다. 이런 의미에서 볼 때 우리나라는 세계 강국이 될 가능성이 농후하다.

결언

마케팅은 경쟁 시대의 필요악?

마케팅은 사실 필요악이다. 기업들이 서로 마케팅을 하지 않으면 가장 좋을 텐데, 경쟁 기업의 마케팅 활동 때문에 자사의 매출이 떨어지니 어쩔 수 없이 마케팅을 하는 경우가 많다. 이런 상황을 야구 경기장의 상황에 비유하여 이야기해보자.

로마의 콜로세움 같은 큰 야구장에 사람들이 꽉 차있다고 해보자. 자리에 앉은 어떤 사람이 진행 중인 야구 경기를 더 잘 보려고 자리에서 벌떡 일어난다면 뒷자리에 앉은 사람들은 어떤 행동을 보일까? 화를 내며 앞 사람에게 앉으라고 하겠지만, 반응이 없으면 더는 못 참고 자신도 벌떡 일어날 것이다. 이런 연쇄 반응이 계속 일어난다면 결국 경기장 내의 모든 사람이 일어나서 경기를 관전하는 이상한 상황이 발생한다. 모두 일어나 있는 상황에서는 다리가 아프다고 다시 주저앉을 수 없다. 왜냐하면 다른 사람은 모두 서 있는데 자기만 앉게 되면 서 있는 사람들에 둘러싸여 도저히 야구 경기를 볼 수 없기 때문이다. 체력이 떨어져 피곤하면 잠시 앉아 있을 수는 있어도 기력이 회복되면 다시 일어나야 한다. 정말 체력이 부족한 사람은 관전을 아예 포기하고 경기장을 떠날 것이다.

마케팅이 난무하는 비즈니스 세계도 이런 상황과 비슷하지 않을까? 업체들이 서로 자사 상품을 시장에서 팔려는데 잘 팔리지 않는다고 가정해 보자. 그러던 중 한 업체가 소비자의 관심을 끌기 위해 광고나 이벤트를 한다든가, 일시 세일로 상품을 잘 판다면 다른 업체들은 어떻게 행동할까? 처음에는 먼저 마케팅을 한 업체를 비난하겠지만 결국에는 자신도 동참하여 오히려 더 강도 높은 마케팅을 펼치게 될 것이다. 결과적으로 마케팅이란 경쟁 때문에 불가피하게 생긴 필요악이다.

마케팅은 불행한 학문?

우리는 보통 경제학을 우울한 과학(dismal science)이라고 말한다. 이런 명칭은 스코틀랜드 역사가인 토머스 칼라일(Thomas Carlyle)이 붙여주었는데, 그렇다면 마케팅은 어떤 학문이라고 할 수 있을까? 불행한 학문(unhappy science)이라고 부르는 것이

맞을 것이다. 여러분은 행복을 어떻게 정의하는가? 철학자, 심리학자, 사회학자, 정치학자, 경제학자 등 전문가는 물론이고 일반인들이 행복에 대해 내리는 정의는 정말 많다. 심리학 분야에서는 긍정심리학이 뜨고 있고, 경제학 분야에서도 행복경제학이 뜨고 있다. 그런데 1970년 노벨경제학상을 받은 바 있는 폴 새뮤얼슨(Paul A. Samuelson)이 그의 베스트셀러 책인『경제학』에서 일찍이 행복을 아주 쉽게 정의했는데, 이 간단한 정의는 우리에게 많은 시사점을 던져준다.

행복 = 소비 / 욕구

어떤가? 폴 새뮤얼슨은 소비를 욕구로 나눈 것이 바로 행복이라고 말했다. 우리는 행복해지기 위해 일을 해서 소득을 벌고 그 소득으로 소비를 늘리려고 한다. 즉, 자신이 필요하고 갖고자 하는 것을 사서 행복도를 올리려는 것이다. 그런데 이 식은 분모인 욕구가 변하지 않는다는 전제에서 가능하다. 아는 만큼 보인다는 말이 있듯이 소비를 하면 할수록 다른 상품들이 더 눈에 보이게 되어 사고 싶은 욕구는 계속 늘어난다. 다행히 소비 증가와 비교하여 욕구가 덜 늘어나면 우리의 행복도는 올라가지만, 욕구가 더 많이 늘어나면 우리의 행복도는 오히려 떨어지게 된다. 즉 소비가 늘어남에 따라 사람들이 느끼는 불행의 정도가 커지는 기현상이 발생하는 것이다.

폴 새뮤얼슨의 행복 정의에서 소비는 물적 소비만을 말하지만 사실 다른 소비도 포함해야 행복을 제대로 정의할 수 있다. 일 중독증에 빠진 사람은 부정하고 싶겠지만 여가 소비도 포함해야 하고, 음식처럼 가정에서 만들어 소비하는 것도 포함해야 한다. 또 건강과 가족, 친구 간의 인간관계, 교육, 노동조건, 정치적 안정, 자연환경도 행복도 측정에서 매우 중요한 요인들이다. 따라서 이러한 추가 요인들을 참작한다면 행복은 이렇게 재정의할 수 있다.

$$행복 = \{ 물적\ 소비 + 여가\ 소비 + 가사\ 소비 + f(자원봉사,$$
$$건강,\ 인간관계,\ 교육,\ 노동조건,\ 정치적\ 안정,\ 자연환경) \} \ / \ 욕구$$

그런데 문제는 이 행복에서 마케팅의 역할이다. 마케팅은 사람들이 상품을 사고 싶은 욕구가 자꾸 들도록 부추겨 행복도를 떨어뜨린다. 사고 싶은 욕구가 생겼을 때 그 상품을 구입할 수 있는 구매력이 있다면 괜찮지만, 구매력이 없다면 분모인 욕구가 늘어나기 때문에 행복도는 떨어지게 된다. 여기에서 마케팅을 불행한 학문이라고 말할 수 있는 것이다.

마케팅에서 진정성의 중요성

이런 우스갯소리가 있다. 사람이 자신을 바꾸는 방법에는 여러 가지가 있는데 가장 평범한 방법은 화장품으로 자신의 맨얼굴을 예쁘게 하는 화장이다. 여기서 한 단계 더 나아가면 어떤 캐릭터 이미지가 나도록 얼굴을 바꾸는 분장이 되고, 두 단계 나아가면 얼굴에 그치지 않고 옷까지 아예 바꾸는 변장이 된다. 그리고 원래와는 완전히 다른 이미지를 내어 상대방을 속이는 위장까지 갈 수도 있다. 이런 비유는 기업에도 적용할 수 있다. 회사의 실상을 근본(fundamental)이라고 할 때 여기에 이미지 관리를 약간 하면 화장이 되지만 좀 더 심하게 하면 분식회계처럼 본질과 상당히 다른 모습이 되고, 더 나가면 변장이나 위장처럼 근본과는 완전히 다른 모습이 될 수 있다.

요즘 진정성(authenticity)이라는 말이 화두가 되고 있다. 회사의 근본과 괴리가 있는 회사 이미지 제고 노력은 일시적으로는 효과가 있을지 모르나, 시간이 지나면 그 한계를 드러낼 수밖에 없다. 더구나 자신이 아무리 위장을 하더라도 SNS 같은 막강한 퍼스널 미디어를 가진 사람들이 회사와 상품에 대한 사실과 진실을 퍼뜨리기 때문에 기업의 과도한 이미지 노력은 물거품이 될 뿐 아니라 오히려 역효과를 거두는 경우도 많다. 그래서 기업은 좀 더 진정성 있게 마케팅을 할 필요가 있다.

맥도널드 하면 사람들은 당연하게 패스트푸드의 대명사인 햄버거를 연상한다. 전 세계적으로 정말 많은 점포를 가지고 있는 이 프랜차이즈 레스토랑은 맥도널드 형제가 설립하기는 했지만, 지금의 큰 사업체로 성장시킨 사람은 다른 사람이다. 맥도널드라는 이름을 가진 형제가 캘리포니아에서 운영하던 드라이브인 햄버거 레스토랑에 레이 크록(Raymond Albert Kroc)이 밀크셰이크 기계를 팔러 갔다가 그 식당이 잘된다는 사실을 알고 맥도널드의 프랜차이즈 사업을 정식으로 하게 되었다. 일리노이주에 자신만의 체인점을 첫 오픈한 때는 1955년이었고 그의 나이 53세였다. 그의 사업은 폭발적으로 성장하여 그로부터 6년 후인 1961년 레이 크록은 맥도널드 형제의 회사 지분을 모두 매입하여 절대 주주가 되었다.

크록은 1984년에 사망했는데, 세상을 떠날 때까지 회사에 계속 머물러 있었다. 말년에 그는 최고경영자 팀에게 회사를 운영하도록 한 후, 자신은 회사의 '마케팅 양심(marketing conscience)'이라는 직위를 가지고 일을 계속 했다. 그는 이 직위를 가지고 어떤 일을 했을까? 그는 죽기 얼마 전까지도 매주 맥도널드 체인점 2~3군데를 방문해서 햄버거의 품질, 청결도, 친절성을 꼼꼼히 체크했다. 무엇보다도 그는 고객을 관찰하고 그들과 대화를 나누고 그들의 소리에 귀를 기울였다. 고객을 실망하게 하지 않기 위해서였다. 이런 노력 덕분에 레이 크록이 죽은 이후에도 맥도널드는 사업이 흔들리지 않았다.

소비자로서 착한 소비의 중요성

최근 몇 년간 '착한'이라는 키워드가 화두다. 이를 사전에서 찾아보면 '언행이나 마음씨가 곱고 바르며 어질다.'라고 되어 있다. 영어로는 Good, Nice이다. 최근 들어 '착한 소비', '착한 여행', '착한 기업' 같은 트렌드 키워드가 떠오른다는 것은 반대로 우리가 그동안 개념 없는 소비, 과다한 소비, 호화 여행, 흥청망

청 여행했다는 말이기도 하고 기업들은 이윤만 추구하는 나쁜 기업이었다는 말로 해석되기도 한다.

우리는 어렸을 때 유치원이나 초등학교에서 선생님으로부터 "나쁜 마음을 먹지 말고 나쁜 행동을 하지 말라."는 말을 많이 들었다. 물론 커가면서 착하지 않게 마음먹고 행동하는 것이 자신에게 도움이 된다는 것을 틈틈이 체감하게 된다. 그래서 어느샌가 '착한 사람'은 어딘가 시대에 뒤떨어지고 자신을 잘 챙기지 못한 어리숙한 사람으로 이해되고 있다. 또 개성이 없고 장점도 없고 말도 없고 아무튼 시시한 사람으로도 이해되기도 한다. 물론 착하지 않은 사람들이 세상에서 항상 잘 나가는 것은 아니다. 거짓말을 일삼아 고속 승진을 했지만 나중에 그것이 드러나 정상에서 급 추락하는 경우가 있다. 기업이 이익을 위해 직원을 착취하다가 내부고발자에 의해 그 비리가 만천하에 드러나 사회적으로 매장당하고, 세무사찰로 파산하는 경우도 있다. 잘 나가던 국제금융기관의 수장이 성추행 사건에 휘말려 옥살이를 하는 경우도 우리는 목격했다.

착한 트렌드가 부상하는 이유

이런 경우는 예전에도 있었지만 최근 들어 더욱 자주 발생하고 있다. 그래서 착한 행동의 가치가 더욱 주목받고 있다. 우리의 주위 환경이 어떻게 변하였길래 착한 트렌드가 자리를 잡게 되었을까?

우선 사람들이 똑똑해졌다. 과거에 사람들은 자신에게 불이

익이 있더라도 이에 제대로 대응하지 못했고 서로 단합도 하지 못했다. 그리고 자신이 접할 수 있는 정보에 한계가 있어 외부의 다른 상황을 제대로 알 수 없었다. 하지만 이제는 인터넷이나 SNS를 통해 정확한 정보를 즉각 알 수 있고, 자신의 상황이나 느낌을 많은 다른 사람들에게도 순식간에 알릴 수 있게 되었다. 따라서 이제는 나쁘게 행동하다가는 자신에 대한 나쁜 소문이 순식간에 나돌기 때문에 착하지 않을 수 없다.

둘째, 이제 사람들이 어느 정도 여유로워져 윤리적인 이슈에도 눈을 돌리고 있다. 과거에는 돈을 벌기 위해 착하지 않은 행동을 많이 했지만 이제는 윤리적인 이슈에 관심이 생겼다. 한마디로 말해 윤리에 가치를 더 두기 시작한 것이다.

셋째, 사람들은 착하다는 것이 장기적으로 도움이 된다는 것을 알게 되었다. 기업이 지속 가능한 경영에 많은 관심을 두게 된 것을 보면 잘 알 수 있다. 사람들의 경제적 활동을 둘러싸고 있는 것은 사회이고, 사회를 둘러싸고 있는 것은 바로 환경이다. 환경이 망가지면 사회가 망가지고 연이어 경제도 망가진다. 그러면 우리가 설 곳이 없다. 따라서 우리는 살기 위해 착하지 않을 수 없다. 지구 온난화로 상징되는 기후변화 이슈는 기업이나 개인의 행태에 적지 않은 영향을 주었다.

소비자가 기업과 비교하면 파워가 작다고 하지만 사실은 소비자가 기업보다 파워가 크다. 대기업이 강력하다고 하지만 대기업이 가장 무서워하는 것은 바로 소비자이다. 소비자 개개인은 약할지 모르지만 뭉치면 파워는 훨씬 커진다. 정치권에서

국민 개개인은 투표권을 가지고 있는데 경제권에서 소비자는 상품을 구매하는 행위 자체가 투표권과 같다. 더구나 투표는 일 년에 한두 번 정도 행사하지만 구매는 수시로 발생하기 때문에 더욱 강력하다.

원 포 원 기부

블레이크 마이코스키(Blake Mycoskie)라는 미국인이 아르헨티나에 여행을 갔다가 그곳 아이들이 신발이 없어서 고생하는 것을 보고 이 아이들을 위해 원 포 원(one for one) 기부 방식으로 회사를 운영해보겠다고 다짐한다. 아르헨티나에서 자신이 매우 편하게 신었던 전통 민속화인 알파르가타의 바닥은 짚신이었는데 이 신발 밑에 고무창을 대어 탐스 슈즈를 처음 만들었다. 그렇게 생긴 사회적 기업이 바로 탐스(TOMS)라는 기업이다. 회사 이름 TOMS는 '내일을 위한 신발'의 영어 표현인 Shoes for TOMorrow에서 따온 말이고, 자신도 CEO가 아니라 '최고 신발 기부자(Chief Shoe Giver)'라는 직책을 사용한다.

마이코스키는 이 신발을 판매할 때 원 포 원 마케팅 전략을 도입했다. 일종의 매칭펀드 방식인데, 소비자가 자사 상품인 신발 한 켤레를 살 때마다 또 하나의 한 켤레를 개발도상국 아이들에게 기부하는 것이다. 물론 소비자가 신발을 들고 저개발국가에 가는 것은 아니고 이 신발회사 직원과 자원봉사자가 대신 신발을 전달해준다. 물론 이전에도 매출액의 일정 부분을 기부하는 회사는 존재하였지만 내가 하나 사면 다른 사람이 완전한 하나를 얻을 수 있다는 공익 마케팅을 성공적으로 전개한 기업은 그동안 별로 없었다.

2007년 설립된 이 회사는 2010년까지 100만 켤레 이상을 판매했다. 이 신발이 가장 많이 팔리는 나라는 미국인데 두 번째로 많이 팔리는 나라는 어디일까? 바로 한국이다. 우리나라는 그동안 착한 기업이 부족하고 착한 소비자가 많지 않다는 지적을 많이 받아 왔는데, 이 사례를 보면 전망은 그리 어둡지 않다는 것을 알 수 있다.

책임 있는 생태 여행

최근 멀리 히말라야로 하이킹을 떠나는 우리나라 사람들이 크게 늘고 있다. 그런데 어떤 사람들은 등반과 트레킹 자체를 즐기기 위해 가는 것이 아니라 쓰레기를 줍기 위해 가는 사람들도 있다. 또 히말라야가 있는 네팔에 가서 그곳 주민에게 교육을 하고 재정적 지원을 하는 사람들도 있다. 자발적 책임여행주의자인 것이다. 히말라야로 갈 때 비행기를 타고 가야 하는데 그 비행기가 온실가스를 배출하기 때문에 자신이 배출하는 탄소를 제로(0)로 만들기 위해 그만큼의 나무를 심기도 한다. 여행도 좋지만 이에 따른 환경 부담을 줄여주어야 오랫동안 지속 가능한 여행이 가능해진다. 이런 것이 바로 책임 있는 생태 여행이고 착한 여행이다.

사람들은 왜 착한 생태 여행을 하려는 것일까? 첫째, 좋은 환경에서 맑은 공기를 마시며 심신을 단련할 수 있다. 둘째, 단지 자연을 즐기기 위한 목적보다는 자연에 대해 좀 더 많이 알고 환경의 중요성을 체험함으로써 자신은 물론 자녀를 위한 교육적 효과를 얻을 수 있다. 셋째, 자연의 소비자라기보다는 자연을 보호하는 일에 직접 참여함으로써 사회봉사와 자아실현을 꾀할 수 있다.

이처럼 사회적 이익을 추구하는 기업이 과연 착해질 수 있을까? 정답은 '그렇다.' 기업도 결국 사람들이 만들어 간다. 사람들은 이 세상에 정의가 없음을 한탄하기도 하지만 그만큼 갈망하기도 한다. 착한 기업은 자신이 착하다는 이야기를 하는 것보다는 착한 행동을 할 때 더 효과적이다. 기업들이 착해지면 고객들은 물론 직원, 우리 전 세계가 행복해 질 수 있으며 이는 곧 기업의 가치를 한껏 올릴 수 있다.

소비자 또한 마찬가지다. 소비자가 제대로 된 정보와 의식을 가지고 소비를 제대로 한다면 소비자는 착한 기업을 살리고 소위 나쁜 기업을 얼마든지 퇴출시킬 수 있다. 소비자 자신이 지닌 파워가 얼마나 대단한지를 충분히 아는 것이 착한 사회를 만드는데 무엇보다 중요하다. 우리는 매일 하는 상품 구매를 통해 브랜드와 기업에 대해 투표를 하는 셈이다.

마케팅에서 스몰토크의 중요성

사람들은 일부를 제외하고는 다른 사람들과 소통을 하고 싶어 한다. 아주 많은 사람과 소통하는 것은 싫어하더라도 아주 친한 사람 몇몇과는 깊숙하게 소통을 하고자 한다. 왜냐하면 이렇게 하면서 스트레스도 풀고, 자신의 존재감도 느낄 수 있기 때문이다.

우리가 숲을 지나다 보면 새들이 지저귀는 소리를 들을 수 있다. 물론 새소리가 우리에게 듣기 좋아 다행이지만 우리는 새들이 울음을 통해 서로 어떤 메시지를 전달하는지에 대해서는 별 관심을 두지 않는다. 사실 새들은 사랑을 얻기 위해, 혹은 위험 경보를 상대편에게 알리기 위해 지저귄다. 커피숍에서 건너편 테이블에 앉아 있는 사람들은 서로 의미 있는 이야기를 나누고 있지만 제 3자인 내 입장에서 보면 그들의 대화는 별 의미 없는 잡담에 불과하고, 더 심하게 말하면 소음으로만 들릴 뿐이다. 사실 알고 보면 새소리와 잡담에도 다 의미가 있는 것이다. 이런 것을 스몰토크(small talk, 잡담)라고 한다.

스몰토크를 하려면 그만큼 시간 투자가 불가피하다. 또 자신이 말한 것들이 차곡차곡 쌓이기 때문에 나중에 자신의 사적 정보가 다른 사람에 의해 악용될 수도 있다. 또 자신의 실수 하나가 일파만파 사회에 큰 물의를 일으킬 수도 있다. 하지만 소셜 네트워크 서비스를 사용해 스몰토크를 하는 사람들이 투자와 비교하면 더 많은 가치를 얻는다면 사람들은 기꺼이 스몰토크를 할 것이다. 그러면 기업은 텔올 제너레이션(Tell-All-Generation, 자신의 개인생활과 삶의 모든 것을 말하기 좋아하는 세대)의 스몰토크를 어떻게 활용할 수 있을까?

고객의 잡담을 분석하여 고객의 심리 파악에 활용하자

고객들이 스스로 불만을 이야기하는 것은 어떠한 마케팅 조사보다 귀중한 정보다. 고객들이 페이스북, 트위터로 이야기하는 것을 수시로 모니터링하여 이를 고객의 심리를 파악하는 도구로 사용해야 한다. 다만 이를 조작하기보다는 유도하는 방향으로 스몰토크를 이용해야 할 것이다.

고객에게 진정성을 보여주는 마케팅을 전개하자

또한 기업들은 인터넷에 기업을 홍보하는 인터넷 콘텐츠를 생산하는 바이럴 마케팅(viral marketing) 같은 뻔한 방법을 중단하고 소비자 스스로 정보를 생산해 내도록 체험 위주의 마케팅 전략을 수립해야 한다. 소비자들도 이제는 어느 정도 기업에서 생산한 인터넷 웹 사이트를 분간할 수 있으며, 역시 이에 대한 거부감을 가지게 된다. 뉴스 역시 다분히 기업과 연계한 신문 기사를 볼 때에는 어김없이 기자에 대한 질타가 쏟아진다. 인터넷 콘텐츠도 이제는 질이 중요한 시기가 되었다. 가장 질이 좋고 신뢰가 가는 콘텐츠는 자신이 아는 사람이 만든 콘텐츠다. 그래서 사람들에게 기업의 차별화된 진정성을 홍보할 수 있는 체험의 장을 만들어 사람들이 정보를 생산해 내도록 유도해야 한다. 스마트폰은 여기에 날개를 달아줄 것이다.

고객과의 관계를 재정립하자

마지막으로 기업들은 고객과의 관계를 재정립해야 한다. 많은 기업이 SNS를 이용하여 기본적으로 고객 상담과 고객응대,

그리고 이벤트나 신제품 홍보에 이용하고 있는데 이를 넘어선 고객과의 재정립이 필요한 시점이다. SNS는 고객들과 직접 소통할 수 있는 장으로 활용함과 동시에 고객과의 관계를 증진하는 장으로 만들어야 한다. 기업이 홍보 활동에 치우친다면 기업의 일방적인 목소리만 내는 것이며 언제든 고객들과 '디프렌드(defriend)'될 수 있다는 것을 명심해야 한다. SNS에서만큼은 상업적인 내용을 전혀 이야기하지 않고 즐거움이나 관계 형성에 도움이 될만한 이야기를 하는 것이 장기적으로 더 도움이 될 것이다.

마케팅에서 상상력의 중요성

Beyond를 추구하려면 필요한 놀라운 상상력

기업은 자신의 상품을 소비자에게 알리기 위해 마케팅 활동을 활발하게 펼친다. 자신의 잘난 점과 경쟁사 상품과는 다른 점을 흥미롭게 효과적으로 전달하고자 한다. 때로는 전략적으로 또는 즉흥적으로 소비자에게 다가선다. 아주 충격적이지는 않지만 소비자의 기대 수준을 뛰어넘는 마케팅 활동으로 소비자에게 강한 각인을 하고 싶은 것이 기업의 마케팅 담당자가 원하는 바일 것이다. 이때 필요한 것은 바로 상상력이다.

'Between and Beyond'라는 말이 있다. 기업과 소비자 간의 관계를 말하는 것인데 between은 기업과 소비자 간의 끈끈한 감성적 유대를, beyond는 소비자의 기대수준을 뛰어넘는 감동을 말한다. 특히 beyond를 추구하기 위해서는 상상력이 필요하다. 상상력을 동원한 마케팅 사례들을 차근차근 알아보자.

다국어 음성으로 관광지를 안내하는 스토리텔링 카

샌프란시스코의 어떤 렌터카 회사는 고객들이 주요 관광지를 돌며 직접 운전할 수 있는 차를 대여해 준다. 두 사람이 탈 수 있는 이 차에는 GPS(위성항법장치)가 있어 주요 관광지를 내비게이션으로 소개해준다. 그런데 내비게이터 모니터에 문자로 소개해주는 데 그치지 않고 음성으로도 소개해준다. 예를 들면 이 차로 샌프란시스코의 명물 금문교에 오면 "Here we have the spectacular Golden Gate Bridge."라고 음성이 나온다. 음성의 언어도 영어뿐 아니라 스페인어, 프랑스어, 독일어 등 여러 언어로 나온다. 물론 운전하는 도중에서도 음성 안내가 나온다. 그래서 이 차 이름은 스토리텔링 카(Storytelling Car)다.

차 대여 비용은 처음 1시간은 49달러, 다음 1시간은 39달러이고 5시간까지는 시간당 29달러다. 5시간 이후에는 추가 비용이 없다. 그래서 이 차를 하루에 8시간 대여하면 175달러가 든다. www.gocartours.com에 가면 자세한 안내가 나온다. 이 스토리텔링 카 서비스는 샌프란시스코에서 시작되었는데 인기가 좋아 샌디에이고, 마이애미, 바르셀로나, 마드리드, 리스본에서도 구할 수 있다. 아마 머지않아 우리나라에서도 이러한 서비스를 볼 수 있을지도 모른다.

패서디나 고급쇼핑가에서 안마 서비스

미국 로스앤젤레스에 북동쪽으로 그리 멀리 떨어지지 않은 곳에 패서디나(Pasadena)라는 도시가 있다. 인구는 12만 명이지만 예전부터 부유한 사람들이 많이 살아 쾌적하고 편리한 도시 분위기를 자랑한다. 세계 최고의 대학으로 자리 잡은 캘리포니아 공과 대학(Cal Tech)을 비롯하여 고급 주택가, 고급 쇼핑가로 유명하다. 패서디나의 중심거리인 콜로라도 대로에는 파세오 패서디나(Paseo Pasadena)라는 멋진 쇼핑센터가 있다. 열심히 쇼핑하다 보면 쇼핑객들은 피곤하게 마련인데 상가 내 중심길에는 단지 커피나 음료를 마시는 공간 외에도 즉석 마사지를 받을 수 있는 공간이 있다. 마사지 기구에 등을 위로 하고 걸터앉으면 마사지하는 사람이 어깨와 팔, 등 여기저기를 열심히 마사지해주는 것이다. 물론 수고료로 돈은 약간 낸다. 이렇게 10분 정도 마사지를 받으면 원기가 회복되어 쇼핑에 다시 나설 수 있으니 이 마사지는 본인에게도 좋고 쇼핑센터 매출 증대에도 도움이 된다. 특이한 공간에서의 멋진 아이디어 서비스이다.

소셜 엔터프라이즈를 독창적으로 구사하는 버버리

요즘 소셜 엔터프라이즈(social enterprise)라는 말이 뜨고 있다. 소셜 엔터프라이즈란 기업이 고객의 소셜 미디어에서 활동하는 프로파일 데이터베이스를 확보하여 소셜 네트워크를 구축하고, 인터넷을 통하여 고객과 커뮤니케이션을 하는 비즈니스

환경을 말한다. 과거 기업들은 이메일이나 웹사이트 게시판을 통하여 고객과의 관계를 구축하였다. 하지만 앞으로 기업은 페이스북이나 트위터 같은 SNS를 이용하여 고객과의 커뮤니케이션을 늘려가고 있으며 이를 통하여 고객 정보를 수집하고 활용할 것이다.

럭셔리 브랜드인 버버리(Burberry)는 '아트 오브 더 트렌치(www.artofthetrench.com)'라는 사이트를 통해 소셜 엔터프라이즈를 구축한 바 있다. 버버리 코트 같은 트렌치코트를 가지고 있는 사람들이 그것을 입은 사진을 아트 오브 더 트렌치 사이트에 올리면 수백 명의 다른 사진들과 함께 멋진 배경이 만들어진다. 남녀의 성별, 벨트 착용 여부, 컬러 등 여러 옵션을 하나씩 선택하면 해당하지 않는 사진들은 화면에서 사라지고 해당하는 사진들만 남게 된다. 자신의 마음에 드는 사람이 있으면 그 사람의 사진을 클릭하여 이들의 페이스북, 트위터를 통해 연락을 취할 수도 있다. 버버리 기업은 아트 오브 더 트렌치 사이트에 입력된 고객 정보를 활용하여 선호하는 스타일에 대한 트렌드 정보를 얻을 수 있으며 이 자체를 하나의 입소문 장소로 활용하고 있다. 버버리는 이 독특한 사이트를 통해 사람들의 잡담을 점잖게 엿듣고 있는 것이다.

트위터를 이용한 리바이스의 술래잡기

청바지 기업 리바이스(Levi's)는 트위터를 이용하여 술래잡기 이벤트를 진행하였다. 서울에 있는 신세계 강남점과 영등포점에서 실시한 '리바이스 아이스파이'라는 이벤트 행사였다.

리바이스 청바지를 입은 모델은 백화점 내에서 자신의 위치를 트위터로 지속해서 노출하고 사람들은 트위터에 뜬 정보를 이용하여 모델을 추적하는 것이다. 만약 추적자가 모델을 찾았다면 그 모델이 입고 있던 청바지를 벗겨서 전리품으로 가질 수 있다. 이 행사에 참여한 사람들은 마치 게임의 주인공 같은 기분을 만끽했을 것이다. 앞으로 이러한 이벤트는 더욱더 많아질 것으로 본다.

우리의 생각을 뛰어 넘는 조폰문

휴대전화는 현대인의 필수품이 되었다. 이성 친구나 배우자, 애완견 등 어떤 것보다도 우리는 하루 중에 휴대전화와 가장 많은 시간을 보낸다. 이렇게 귀중한 휴대전화를 잃으면 우리는 공황 상태에 빠진다. 그래서 휴대전화를 잃어버렸을 때 그 허전함을 글로 써본 적이 있다. 필자가 아는 어떤 사람은 휴대전화를 잃고서 이런 조폰문, 즉 휴대전화 애도사를 써서 나에게 보냈다.

"유세차(維歲次) 모년(某年) 모월(某月) 모일(某日)에, 윤모 양은 두어 자 글로써 폰자(phone者)에게 고(告)하노니, 인간의 손 가운데 중요로운 것이 휴대전화로 대, 세상 사람이 귀히 아니 여기는 것은 도처(到處)에 흔한 바이로다. 이 핸드폰은 한낱 작은 물건이나, 이렇듯이 슬퍼함은 나의 정회(情懷)

가 남과 다름이라. 오호통재(嗚呼痛哉)라, 아깝고 불쌍하다. 너를 얻어 손 가운데 지난 지 우금(于今) 삼 년이라. 어이 인정(人情)이 그렇지 아니하리오. 슬프다. 눈물을 잠깐 거두고 심신(心身)을 겨우 진정(鎭定)하여, 너의 행장(行狀)과 나의 회포(懷抱)를 총총히 적어 영결(永訣)하노라.

밥 먹을 적 만져 보고 잠잘 적 만져 보아, 널로 더불어 벗이 되어, 여름 낮에 주렴(珠簾)이며, 겨울밤에 등잔(燈盞)을 상대(相對)하여, 전화하며 문자하며 사진 찍고, 인터넷 하며 지냈는데…… 백 년 동거(百年同居) 하렸더니, 오호 애재(嗚呼哀哉)라, 핸드폰이여."

이런 애절한 조폰문을 아무나 쓰지는 못할 것이다. 휴대전화 제조 회사나 통신 회사가 이런 조폰문을 다양하게 만들어 사이트에 올려놓으면 어떨까? 사용자로부터 아주 좋은 반응을 얻을 것이다.

우리의 상상력에는 끝이 없다. 소비자의 수준이 자꾸 높아지고 있기 때문에 웬만한 상상력만으로는 소비자의 기대를 넘어설 수 없다. 다국어 음성의 관광 스토리텔링, 고급 상가 내 안마 서비스, SNS를 활용한 독특한 소셜 엔터프라이즈, 트위터를 이용한 술래잡기, 휴대전화 애도 서비스는 이런 상상력 마케팅의 일부에 불과하다. 독자들도 상상력의 나래를 펼쳐 기발한 마케팅 아이디어를 한번 끄집어내어 보자.

참고문헌

『경제법칙 101』, 김민주 저, 위즈덤하우스, 2011.

『커피경제학』, 김민주 저, 지훈출판사, 2008

『경영의 진화』, 스튜어트 크레이너 저, 더난출판, 2011.

『마케팅 거장에게 오늘을 묻다』, 로라 마주르, 루엘라 마일즈 엮음, 비
즈니스맵, 2007.

『마케팅 3.0』, 필립 코틀러 저, 타임비즈, 2010.

『역사에서 경영을 만나다: 통섭, 경영의 역사』, 이재규 저, 사과나무,
2008.

『마케팅 상상력』, 테오도르 레빗 저, 21세기북스, 2007.

커피로 알아보는 마케팅 베이직

펴낸날 **초판 1쇄 2012년 5월 3일**

지은이 **김민주**
펴낸이 **심만수**
펴낸곳 **(주)살림출판사**
출판등록 1989년 11월 1일 제9-210호

경기도 파주시 문발동 522-1
전화 **031)955-1350**   팩스 **031)955-1355**
기획 · 편집 031)955-1374
http://www.sallimbooks.com
book@sallimbooks.com

ISBN 978-89-522-1818-6   04080

※ 값은 뒤표지에 있습니다.
※ 잘못 만들어진 책은 구입하신 서점에서 바꾸어 드립니다.

책임편집 **이소정**